Paul Egelkraut

Der Einfluss des Daniel vom Blühenden Tal vom Stricker

auf die Dichtungen des Pleiers

Paul Egelkraut

Der Einfluss des Daniel vom Blühenden Tal vom Stricker
auf die Dichtungen des Pleiers

ISBN/EAN: 9783743652460

Hergestellt in Europa, USA, Kanada, Australien, Japan

Cover: Foto ©Thomas Meinert / pixelio.de

Weitere Bücher finden Sie auf **www.hansebooks.com**

Der Einfluss des Daniel vom Blühenden Tal vom Stricker auf die Dichtungen des Pleiers.

Inaugural-Dissertation

zur

Erlangung der Doktorwürde

der

hohen philosophischen Fakultät

der

Friedrich-Alexanders-Universität Erlangen

vorgelegt

von

Paul Egelkraut

aus Bockwa.

Tag der mündlichen Prüfung: 21. Juli 1896.

Leipzig-Reudnitz
Druck von August Hoffmann.
1896.

Seinen lieben Eltern

in Dankbarkeit

gewidmet.

Nachdem bereits Franz Pfeiffer im 2. Bande seiner Germania S. 500 f. bei Besprechung des Grundrisses von Karl Gödeke einige Bemerkungen über den Pleier, seine Heimat und seine Herkunft, gemacht und hierbei einige spärliche Proben aus dem Meleranz mitgeteilt hatte, war es Zingerle, der zuerst, und zwar im 3. Bd. derselben Germania S. 23 ff., seine Aufmerksamkeit diesem Dichter untergeordnetsten Ranges zuwandte. Seine Untersuchungen beschäftigen sich mit dem Garel, aus dem eine Reihe Stellen zur Charakterisierung der Pleierschen Dichtung nach der einzigen vollständigen, Linzer Hs. ausgezogen werden. Zingerles Aufsatz ist insofern bemerkenswert, als er bereits erkennt, daß der Pleier unter dem Einflusse von Hartmanns Iwein steht. Eine Anzahl Stellen dieses Romans werden mitgeteilt, die fast wörtlich mit solchen im Garel übereinstimmen. Auch die Nachbildung einer Stelle aus Gottfrieds Tristan (v. 15794 bis 16287), wie sie in den Versen 2456—2477 vorliegt, ist bereits von ihm erkannt. Wie stark freilich diese Anlehnung des Pleiers an seine großen Vorgänger und wie umfangreich ihre Benutzung in Wirklichkeit ist, vermochte er noch nicht einzusehen. Sonst hätte er wohl kaum ein so günstiges Urteil über den Dichter fällen können, als er es S. 29 und am Schlusse seiner Untersuchungen S. 40 thut. Wenn an diesen Stellen „die mit großem Fleiße ausgeführten Bilder deutschen Lebens und deutscher Sitte" als zweifelloses Eigentum des Dichters bezeichnet werden, wenn ferner die Ansicht ausgesprochen wird, der Garel könne eine reiche Beute für Altertumskunde bieten, so wird ihm heutigen Tages wohl niemand mehr beipflichten können.

Zu einer besseren Beurteilung des Pleiers war die
Möglichkeit geboten durch die Herausgabe des Meleranz,
den Bartsch als 60. Publikation des litterarischen Vereins
zu Stuttgart weiteren Kreisen zugänglich gemacht hat. Wie
Bartsch in seinem Schlußwort bemerkt, will er durch diese
Ausgabe dem Dichter den ihm zukommenden Platz als Nach-
ahmer zugewiesen haben. Er erkannte somit das wesentliche
Merkmal aller Pleierschen Dichtung, den Mangel an Er-
findungskraft und das Fehlen aller Originalität, an deren
Stelle bei ihm wahllose Entlehnung und Nachahmung der
Hauptwerke der mhd. Blütezeit tritt. In seinen Anmerkungen
teilt Bartsch auch zu V. 5250 mehrere Stellen mit, die ihren
Ursprung offenbar in Wolframs Parzival haben. Ferner
glaubte er Benutzung des verloren gegangenen Umhangs des
Bligger v. Steinnach annehmen zu müssen (S. 365), eine
Ansicht, die, wie wir sehen werden, später als unrichtig er-
wiesen wurde.

Eine wesentliche Förderung unserer Kenntnis von
Pleierscher Dichtungsart lieferte sodann ein Aufsatz von
Elard Hugo Meyer über Tandareis und Flordibel, den er
im 12. Bd. der Zeitschrift f. dsch. Altertum S. 470 ff. veröffent-
licht hat. Zum 1. Male wird uns hier die Mitteilung ge-
macht, daß der Pleier nicht bloß die besten höfischen Dichtungen
sich zum Muster genommen hat, sondern daß er selbst einen
so unbedeutenden Roman wie den „Daniel vom blühenden Thal"
vom Stricker sich zum Vorbilde wählte. Dies that er nicht
bloß, indem er den Beinamen des Helden in seinen Garel
herübernahm, auffallender zeigt sich noch die Benutzung in
der Verwendung einzelner Züge und der Übereinstimmung
in manchen Heldenthaten. Ja sogar die Berufung auf eine
nicht vorhandene Quelle, wie sie sich der Stricker in seinem
Daniel, noch dazu mit nachweisbar falschem Namen geleistet
hat, wird diesem Einfluß zuzuschreiben sein. Aber Meyer
weiß auch noch andre Belege für den Mangel an Erfindungs-
kraft des Pleiers anzuführen. Nicht nur, daß dieser Dichter-
ling ganze Situationen fremden Mustern geraubt hat, so
zeigen auch seine eignen Bilder und Scenen oft die aller-
auffallendste Ähnlichkeit mit einander. Riesen-, Zwerg- und

Waldweiberabenteuer füllen zumeist die erste und noch langweiligere Turniere die 2. Hälfte seiner langatmigen Romane. Und wie diese Scenen sich inhaltlich oft zum Erschrecken ähnlich sehen, so scheut sich unser Dichter auch nicht, für gleiche Situationen dieselben Verse zu gebrauchen.

Nachdem Meyer darauf noch an einigen Beispielen den Einfluß des Volksepos auf die Sprache des Pleiers nachgewiesen hat, wendet er sich dem Anteil zu, den Wolfram an seiner Dichtkunst hat und der besonders im Tandareis stark hervortritt. Sodann werden noch eine Anzahl Entlehnungen aus den Werken Hartmanns v. Aue sowie aus Wirnt von Gräfenberg mitgeteilt.

Außer diesen Erörterungen über das Sprachgut des Pleiers enthält dieser Aufsatz noch ausführliche Untersuchungen über andere den Dichter betreffende Fragen So wird vornehmlich von der Heimat und Herkunft gehandelt, von der Zeit der Abfassung der drei Romane und von ihrer Reihenfolge. Nach E. H. Meyer ist der Garel der älteste, auf ihn folgt der Tandareis und auf diesen der Meleranz.

E. H. Meyer hatte geglaubt, durch seinen Aufsatz eine Herausgabe des Tandareis unnötig gemacht zu haben. Gleichwohl erschien eine solche im Jahre 1885, besorgt von Ferdinand Khull (Graz).

Das wertvollste an dieser Veröffentlichung ist jedenfalls der Umstand, daß sie zu einer eingehenden Besprechung Anlaß gegeben hat, die ihr Steinmeyer in der 21. Nr. der Göttingischen gelehrten Anzeigen vom Jahre 1887 zu teil werden ließ. Nachdem sich Steinmeyer zunächst mit E. H. Meyer über die Frage nach der Handschriftenklasse des Parzival, die der Pleier in seinem Tandareis benutzt habe, auseinandergesetzt hat, wird noch eine außerordentlich große Menge von Entlehnungen aus den Wolframschen Werken, sowie aus Hartmann und Wirnt mitgeteilt. Aus diesen Lehnstellen irgend welche Schlüsse auf die Reihenfolge der drei Romane zu ziehen, ist nicht möglich. Die Benutzung einer anderen Dichtung, des Umhangs Blickers von Steinach, wie sie Bartsch und Meyer behauptet hatten, wird dagegen mit überzeugenden Gründen als ganz unwahrscheinlich erwiesen. In der Frage nach der Aufeinanderfolge der einzelnen Werke kommt Steinmeyer zu einem anderen Resultat als Meyer. Der Garel wird allerdings auch von ihm für seinen frühesten Roman gehalten, und zwar wird diese Behauptung durch eine Reihe Beweisgründe formaler Art gestützt. Dagegen erklärt er den Tandareis für sein letztes Werk, das erst nach dem Meleranz entstanden sei. Auch diese Ansicht sucht er durch Gründe formaler Art glaublich zu machen. Mögen dieselben nun auch nicht völlig zwingend sein, wie Steinmeyer selbst in einem später noch zu besprechenden Aufsatze zugesteht, so sind sie es doch bei weitem mehr als die von Meyer für seine Ansicht geltend gemachten. Denn daß auf so verbrauchte Redensarten wie z. B. die im Eingang zum Meleranz (V. 86-90), auf die ja dieser seine Hypothese aufbaut, nichts zu geben ist, dürfte ja durch die massenhaften Entlehnungen von Motiven und ganzen Versreihen zur Genüge bewiesen sein.

Bei den bis dahin angestellten Untersuchungen mußte es als ein Mißstand empfunden werden, daß gerade von dem besten Pleierschen Romane, dem Garel, nur einzelne Teile der kritischen Prüfung allgemein zugänglich waren. Daß Zingerle in seinem Aufsatze Germania III, 21 Proben mitgeteilt hatte, war schon erwähnt. Ein Jahr darauf erschien sein „Freskencyclus des Schlosses Runkelstein bei Bozen, gezeichnet und lithographiert von Ignaz Seelos, erklärt von Dr. Ignaz Zingerle, herausgegeben von dem Ferdinandeum in Innsbruck 1857." Hier werden diejenigen Partien des Garels veröffentlicht, denen die Bilder im Schlosse entnommen sind, zugleich mit einer Übersetzung ins Neuhochdeutsche und einer kurzen Inhaltsangabe des ganzen Gedichtes. Wichtig waren ferner die Bruchstücke eines alten Meraner Codex, die von Goldbacher Germania VIII, 89 ff. und von Zingerle in den Sitzungsberichten der Wiener Akademie phil.-hist. Klasse Bd. 50, 449 f. veröffentlicht wurden. Darauf entschloß sich Walz zu einer Herausgabe des ganzen Werkes. Eine Probe derselben erschien 1881 im Jahresbericht des akademischen Gymnasiums zu Wien, war aber nach allgemeiner Ansicht vollständig mißlungen. Erst im Jahre 1892 trat dann Walz mit der vollständigen Ausgabe vor die Öffentlichkeit. In seinen zahlreichen Anmerkungen hinter dem Texte wollte er nicht bloß Beiträge zur Sprache und Poetik des Pleiers geben, sondern auch durch Exkurse über Dinge der verschiedensten Art an der Hand von Stellen und Scenen aus dem Garel unsere Kenntnis von mhd. Leben fördern. Zum Schlusse findet sich eine Beschreibung der Fresken im Garelsaale des Schlosses Runkelstein; die Fresken selbst sind mitten im Text bei den Scenen, die sie darstellen, abgebildet.

Auch diese Ausgabe fand eine ausführliche Besprechung durch Steinmeyer, und zwar in der 3. Nr. der G. G. A. des Jahres 1893. Die Zahl der Entlehnungen aus Hartmann und Wolfram wird um ein beträchtliches vermehrt Vor allem aber wird der große Einfluß nachgewiesen, den Wirnts Wigalois auf des Pleiers Sprachgut ausgeübt hat. Es zeigt sich, daß dieser viel stärker ist, als der von Hartmann oder Wolfram ausgegangene, ja daß der Wigalois die Grundlage seiner ganzen Verskunst ausmacht. Bei derartigen massenhaften Entlehnungen kann natürlich von irgendwelchem selbständigen Talent nicht die Rede sein. Ein Dichter, der sich seine Verse zu Hunderten aus den Werken fremder Autoren zusammenstiehlt, kann keine einheitliche Sprache reden, er kann auch keine deutliche Anschauung von den Zuständen, die er darstellt, von den Gebräuchen, die er vorführt, besitzen. Deshalb sind Walzens Anmerkungen wertlos. Bevor die Romane des Pleiers in irgendwelcher Richtung ausgebeutet werden können, müssen sie von allen fremden Elementen gesäubert werden. Erst aus dem, was übrig bleibt, wird man dann die wahre Sprache des Mannes, das Maß seines formellen Vermögens und den Umfang seines Gesichtskreises feststellen können.

Einen Beitrag zur Lösung der hier aufgestellten Aufgabe zu liefern, ist der Zweck der folgenden Untersuchungen. Nachdem es erwiesen war, daß der Pleier in seinem Garel nicht bloß den Beinamen des Helden, sondern auch eine Reihe von Motiven dem Daniel vom blühenden Thal des Strickers entlehnt hat, konnte man mit ziemlicher Sicherheit annehmen, wie er aus den großen höfischen Dichtern die Verse zu Hunderten gestohlen hat, so werde er auch diesen Artusroman in der ihm eignen Weise gehörig durchplündert haben. Die Frage, in wieweit der Pleier in seinen Romanen sich durch den Daniel des Strickers hat beeinflussen lassen, ist hiermit auf Grund der Ausgabe von Gustav Rosenhagen (Daniel von dem Blühenden Tal, ein Artusroman von dem Stricker, herausgegeben v. Gustav Rosenhagen, germanistische Abhandlungen, begründet von Karl Weinhold, herausgegeben von Friedrich Vogt, 9. Heft) zu lösen versucht worden. Man hätte meinen sollen, daß der Daniel ganz besonders stark vom Pleier benutzt worden sei, allein diese Erwartung trifft nicht ganz zu, soweit man die Frage überhaupt entscheiden kann. Denn da des Strickers Sprachkunst starke Anklänge an Hartmann aufweist und auch von Wolfram und Wirnt nicht unbeeinflußt geblieben ist, so läßt sich in vielen Fällen nicht mit Bestimmtheit sagen, durch wen der Pleier sich hat anregen lassen, besonders wenn die Übereinstimmung zwischen dem Daniel und einem andern Artusgedichte eine wörtliche ist. Vielfach wird sich aber doch je nach der genaueren oder ungenaueren Übereinstimmung im Einzelnen entscheiden lassen, welcher Dichter die Anregung zu der im Pleier vorliegenden Stelle gegeben hat. Indessen auch abgesehen von diesen zweifelhaften Versen sind es immer noch eine große Menge, die, auch wenn sie nicht, wie viele, wörtlich mit Parallelstellen im Daniel übereinstimmen, doch mit Sicherheit als Entlehnungen aus dieser Strickerschen Dichtung gelten können. Es folgen nun:

I. solche Stellen, die mit Sicherheit als Entlehnungen aus dem Daniel gelten können.

G. 20. 162. M. 2233 alsô willecliche = D. 7348. — G. 38 und wie ez darzuo was komen, G. 7287 und wie ez darzu wære komen: D. 2224 wie ez darumbe was komen. — G. 126 und im sîn fröude stôrte: D. 4758 und im sîn gewerp zerstôrte. — G. 187 daz iuwerm vater sam geschach: D. 3247 daz iuwerm vater ie geschach. — G. 233 die rûmten im die strâze: D. 6945 nû rûmten sie eine strâze. — G. 410 Goliâs muoste siglôs geligen, G. 12952 si müesen sigelôs goligen: D. 6013 und muosen siglôs ... — G. 528 und wil ouch immer mêre: D. 6259 daz wil ich iemer mêre. — G. 534 wie der sin dinc anevie: D. 2087 wie er sin dinc anevienc. — G. 781 dâ stuont ein schoeniu linde vor: D. 4128 dâ stuont ein kleinez netze vor. — G. 844. M. 5314. T. 532. 10406 diu juncfrouwe wolgetân = D. 4856. — G. 1002 mir ist der lip unmære = D. 7634. — G. 1021 zuo mînem herzensêre: D. 1869 von ... — G. 1026 darumbe hât er mir getân: D. 764 darumbe hât erz getân. — G. 1073 und hât des sêr vermezzen sich: D. 642 er hât sich des vermezzen. — G. 1138 ich und der bruoder mîn: D. 784. beide ... — G. 1288 des sagten im die frouwen danc, M. 5194 ... die liute danc: D. 3906 sie sageten im alle danc. — G. 1302. 10117. 13616. M. 12354 als si von rehte solden = D. 1252. — G. 1602 swaz ich leides hân getân, G. 18193 swaz ich dir leides het getân: D. 5870. 6172 swaz ich iu ze leide hân getân. — G. 1722 gein der burc er dô reit: D. 1032 gegen einem berg er ... — G. 1728 sô wunderlîche haben verlorn, M. 2256 sô wunderlîche was verlorn: D. 2927 sus wunderliche verlorn. — G. 1761 daz lât durch den willen mîn: D. 4724 tuot ez durch ... — G. 1880 sie dankten im unde got, T. 7158 und dankten ..., G. 6146 er gnâdet im ...: D. 1752 sie dankten im unde gote. — G. 2282 der im also swære wac: D. 3056 der sô sêre nider wac. — G. 2326. 4356. 16704 daz ez alsô ergangen ist: D. 7751 sît ez sô ergangen ist. — G. 2362. 4163 und wie dû selbe sîst genant: D. 2038 und wie du selber ... — G. 2402 Gârel wart fröuden rîche, M. 2939 Meleranz wart ... T. 17737 daz volc wart ...: D. 3753 der künec wart ... — G. 2425 ûf sâzen si dâ beide, G. 2281 si sâzen nider beide: D. 2261 sie sâzen ûf beide. — G. 2436. 16750 du solt daz wol gelouben mir, G. 6746 ir sult ..., G. 7510 frouwe, ir sult gelouben mir: D. 456 du solt wol gelouben mir. — G. 2766 riten über die heide: D. 2262 und ... — G. 2928. T. 4486 5691. 6218. 9197. 14275 zuo dem ritter er dô sprach, M. 1295. 11376 zuo den rittern er sprach: D. 8298 zuo dem ritter er sprach. — G. 3253. T. 11468

daz nieman des geruohte: D. 7423 ob ieman des geruohte
— G. 3551 daz sie des selben jâhen: D. 1444. 1641 daz
sie des alle jâhen — G. 3713 daz er behielt daz leben,
T. 3379 daz er behielt sîn leben: D. 5391 daz er behielte
daz leben. — G. 3735 sin slege wâren swære, T. 6836 des
slege ...: D. 3544 ir griffel wâren ... — G. 4108 daz
weiz ich mit der wârheit: D. 1826 nû weiz ... —
G. 4437 daz man ez gerne mohte sehen: D. 5415 daz
manz mit êren mohte ... G. 4521 mit fünfzic juncfrouwen:
D. 8067 mit ahtzic ... — G. 4652 daz ez alsô ergangen
was: D. 5146 daz ez alsô komen was. — G. 4941 er wær
ân elliu valschiu meil, G. 17797 was ân elliu ...: D. 312
die wâren gar âne valschiu mâl. — G. 5295 ich weiz niht
wie ez mir ergât: D. 3976 er weiz noch niht, wiez im
ergât. — G. 5416 daz er næm der schilte war: D. 3933
daz er aber desselben næme war. — G. 5520. 11392.
M. 4924 sîn schilt was dicke unde breit: D. 2488 der stein
was ... — G. 5589 zucte Gârel daz swert: D. 2102
Daniel zuckte daz swert, D. 2880 Daniel zuckte sîn
swert. — G. 5641. 11547 mit beiden sînen handen:
D. 5639 an beiden ... — G. 5871 des getorsten si niht
lâzen, G. 6215 daz getorsten si niht ...: D. 4387 sin ge-
torsten es niht ... — G. 5940 und het alsô grôze kraft,
M. 6058 und het ouch sô grôze kraft: D. 348 diu hâte
alsô grôze kraft. — G. 5950 die ir vil schöne pflâgen:
D. 5817 ... enpflâgen. — G. 5953 komen durch dehein
ir nôt: D. 2523 fliehen durch deheine nôt — G. 6110 ze
jungist er sich des versan: D. 7226 wan er ... —
G. 6175/6 herre, dâvon ist mîn reht daz ich iwer eigen
kneht (G. 7167 herre mîn, daz ist mîn reht): D. 2321/2
nû ist daz ouch mîn reht, daz ich iuwer ritter und iuwer
kneht. — G. 6245 und swarzuo in sîn wille truoc: D. 4230
als aber in ... — G. 6478 er ist sô ungefüege: D. 1203 der
ist ... — G. 6515 daz was schiere geschehen = D. 2000.
— G. 6662. M. 7628 frouwe, iuwer ungemach (G. 6906
frouwe, iuwern ...) = D. 1386. — G. 6735 nâch dem
selben gruoze: D. 5027 nâch dem gruoze. — G. 6797 des
wære ich herzenlîchen frô, T. 3331 des wær ich inneclîchen

frô: D. 7924 des wære ich grœzltche frô. — G. 7424. 7610 dô sprach der degen mære: D. 5718 dô sprach der helt mære. — G. 7701 ein sô freislîch stimme: D. 2112 ein freislîche ... — G. 7739 swem aber sô übel geschach: D. 3618. 4132 swem sô tumplich geschach. — G. 7800 swaz er von mir geruohte: D. 331 swes ir von mir geruochet. — G. 7910 wan nieman kan vor im genesen: D. 4640 bî im kan nieman genesen. — G. 7936. M. 8755. 9648. 9958 daz er im lîp und êre, G. 10085 daz er in ...: D. 4664 daz er beidiu lîp und êre. — G. 8102 von dem gesinde überal: D. 1781 und dem ... — G. 8213 ez het im gern den lîp benomen: D. 5582 er hæte im schier den lîp ..., D. 7067 diu hæte im den lîp ... — G. 8259 nâch im tet ez einen swanc, T. 6285 tet er nâch im einen swanc: D. 2106 und tet hinder sich einen swanc. — G. 8279 dâvon ez harte sêre erschrac, G. 6010 von der frâg er sêr erschrac: D. 4090 dâvon er sô sêre erschrac. — G. 8350 von welhem tiuvel ist ez komen? G. 8441 von welhem tiuvel ez ist komen: D. 2200 dû bist von dem tîvel komen. — G. 8358 der dâ hie ligt erslagen: D. 5841 der hie ze tôde lît erslagen. — G. 8420 daz ir daz swert niht ensneit: D. 1669 und ez daz ... — G. 8433 swer ez gesiht, für wâr der ist tôt, G. 7668 swaz ez gesiht, daz ist tôt: D. 1916 swer daz houbet siht, der lît tôt. — G. 8489 swaz ir ze liebe ie geschach, G. 16696 swaz mir ze leide ie geschach, G. 19108. T. 3886 swaz mir liebes ie geschach, G. 1860. 15564. T. 11631 swaz mir leides ie geschach, G. 960 swaz im leides ie geschach, G. 11732 swaz im leides geschach, M. 11029 swaz ir ze leide geschach, M. 11054 swaz ir leides ie geschach: D. 7864 swaz mir ze liebe ie geschach. — G. 8810 ez mohte anders niht gesîn, M. 3789 nu moht ez anders ..., G. 17253 daz mac nu anders ..., M. 4651 nu mac ez anders ..., T. 1568 ez mac niht anders gesîn: D. 5898 des enmohte niht anders rât gesîn. — G. 8932 daz nieman dâvor geresen kan: D. 1825 dâ nieman vor ... — G. 9060 und ouch die juncfrouwen = D. 7555. — G. 9061. 20128. 20934. M. 11276. 12300. 12319.

T. 634. 16385. 16535. 17721 man moht dâ fröude schouwen,
M. 11284 man mohte fröude ...: D. 684 dâ mac man
fröude ... — G. 9237 daz ez nieman ensach: D. 4131 ...
ersach. — G. 9343 nu suln wir der rede gedagen: D. 8479
nu muoz ich der ... — G. 9390. M. 4941 daz diene ich
gerne, sol ich leben: D. 6273 ich verdiene ez iemer,
sol ... — G. 9430 daz er in kurzen zîten, M. 8803 daz
ich in ...: D. 2832 daz ez sich in ... — G. 9485.
M. 9216 des wil ich gerne volgen dir: D ... gerne lônen
dir. — G. 9527 daz si komen solden: D. 5001. 5381 daz
si aber komen solden. — G. 9570 als sie der künec komen
sach, M. 5695 dô si der ritter komen sach: D. 5019 dô
sie der künec komen sach. — G. 9986 des wâren alle die
sînen frô: D. 345 des wâren die herren alle frô. —
G. 10096 sich huop der bûhurt sâ zehant: D. 6458 diu
hôchzît huop sich zehant. — G. 10336 dâvon behielt er
daz leben: D. 3858 alsô behielten sie daz leben. —
G. 10481. 10565 er het die sælde und daz heil: D. 3103
der hâte sælde unde heil. — G. 10590 dem guot sô nâhen
ze herzen gât: D. 6151 wol nâhe mînem herzen gât. —
G. 10791. T. 11485 sie wolden gerne schouwen (G. 3530.
9667. M. 5972. 11462. T. 17703 die ...) = D. 6248. —
G. 10813 Eskilabôn mit den sînen, G. 14082 Angenîs
mit ..., G. 14910 Ammilôt mit ..., T. 13852 Artûs
mit ...: D. 5015 Daniel mit ... — G. 11062 durch
âventiure geriten, G. 2375 nâch âventiuwer was geriten:
D. 153. 979 nach âventiure geriten. — G. 11150. 20613
die naht si heten guot gemach: D. 1491 des nahtes het er
guot gemach. — G. 11192 als liep iu lip und êren sî:
D. 2040 als liep dir dîn leben sî. — G. 11361. T. 5783.
6568. 6707 der rise zorniclîchen sprach, G. 18105 Kei
zorniclîchen ..., G. 5733 daz wîp zorniclîchen ...,
T. 10308. 10374 der ritter zorniclîchen ...: D. 2464 der
grâve zornlîche sprach. — G. 11471. T. 5931. 6557 daz
im niht von dem slag geschach: D. 3996 daz im an dem
swerte niht geschach. — G. 11506 swâ er daz swert hin
sluoc: D. 5568 swarûf er daz swert sluoc. — G. 11507
dâvor kunde niht gestân: D. 1552 dâ enkunde niht vor

gestân. — G. 11653 mînen lîp und swaz ich hân: D. 6258 mîn lip und allez daz ich hân. — G. 11765 er hât grôzen gewalt: D. 1151 diu hât … — G. 11766 sîn tugende die sint manecvalt: D. 8314 sin tugende was sô manecvalt. — G. 12063 er hete wol gerâten = D. 5735. — G. 12084 und daz er in vil kurzen tagen, G. 17418 und daz ich in vil …: D. 6628 daz si in sô kurzen tagen. — G. 12282. 12648 ez ergê mir übel oder wol: D. 4424 ez geviel in übel oder wol. — G. 12313 und kômen in kurzen stunden: D. 2263 quâmen … — G. 12631 sô sol er nicht erwinden: D. 877 sô soln wir niht … — G. 12856 si kêrten wider drâte: D. 1786 er kêrte dannen drâte. — G. 12926 bêdiu lîp unde leben = D. 5588. — G. 12936 daz in wære geschehen: D. 227 waz im wære …, D. 4095 oder waz im … — G. 12952 si müezen sigelôs geligen: D. 2171 si müezen hievon tôt ligen, D. 6013 sie muosen sigelôs geligen. — G. 12976. T. 1624 daz wort er zornîclichen sprach: D. 1604 daz wort er lachende sprach. — G. 12986. 14808 des wurden helme bluotvar: D. 5669 die (sc. helme) wurden alle bluotvar. — G. 13053 dem was daz nu daz beste: D. 4886 daz was im daz beste. — G. 13133 der künic frâgen began, T. 13687 … frâgen in began, G. 9701 diu küneginne frâgen began: D. 5304 der künec dô frâgen began. — G. 13177 swâ der helt hin kêret: D. 576 swâ er sô hin kêret. — G. 13698 der fuorte an dem schilde, G. 18552 waz fuort er an dem schilde, T. 4817 ich fuorte an mînem schilde: D. 3011 fuorte er an sînem schilde. — G. 14102. T. 9185. 14387 ich hân daz wol von im vernomen, G. 14364. 14416 daz hân ich wol von im vernomen: D. 6090 wir hân daz wol an im vernomen. — G. 14447 wart der fride widerseit: D. 5760 und … — G. 15094 si wæren junc oder alt: D. 4365 sie sin junc …, D. 524 er sî …, 5249 er wære … — G. 15294. 15754 mit dem selben schalle: D. 709 in dem … — G. 15303 an ir ougen weide, T. 2147 umbe ir …: D. 152 durch sîn ougenweide. — G. 15506 swaz der man an im truoc: D. 3676 durch swaz der man ane truoc. — G. 15620 durch den helm, den er truoc: D. 3052 durch einen helm … — G. 15816

der dâ wær gelegen tôt: D. 5844 der ouch hie ist gelegen
ʒôt. — G. 15912 vil manic helt dâ tôt gelac: D. 3601
und der man dâvon tôt gelac. — G. 16048 dâ was swachiu
wunne: D. 8228 dâ was michel wunne. — G. 16099 und
ir triuwen an im gedæhten: D. 6434 und der triuwen
daran gedæhten. — G. 16502. 18927 die armen und die
rîchen = D. 6921. — G. 16724. M. 5910. 7480 und wie ez
was ergangen, G. 6538 wie ez dâ was ..., G. 2494 wie
ez sî ..., G. 16619 wie ez im wær ergangen, T. 15337
und wie ez allez was ...: D. 4880 wie ez was ... —
G. 16827 den liuten von dem lande: D. 5425 den rittern
von ... — G. 17014 daz si mit im dâhin riten, G. 19225
daz si mit im ze velde riten, G. 19311 daz si mit im ze
Artûs riten, G. 20495 daz si mit im ze hove riten, P. 7057
daz si mit im hin nider riten: D. 7967 daz si mit ime
riten. — G. 17077 der künec sprach: daz ist wâr: D. 3740
dô sprach der künec: ist daz wâr. — G. 17301 wart des
trôstes harte frô: D. 1396 und was des trôstes harte
frô. — G. 17369. 20430 und sîne helfære, G. 18729 sîner
helfære, M. 8109 die sinen helfære, M. 8427 wan sîn
helfære: D. 5616 sin fromen helfære. — G. 17400. T. 4640
daz er wurde wol gesunt: D. 4416 und wurde harte
wol ... — G. 17520. M. 2729. 3095. 10779. T. 1509. 8254
ganzer freuden rîche: D. 6787 alsô freuden rîche. —
G. 17811. 19283 der künic Artûs dô sprach: D. 7863 ...
Artûs der sprach. — G. 18087 ich hân ouch noch vil guoten
muot: D. 4582 und hân ouch alsô guoten muot. — G. 18176
er sol des vil gewis sîn, G. 18362. T. 17974 des sol er
vil ..., M. 11644 er sol des gar gewis sîn: D. 2332 er
sol des wol gewis sîn. — G. 18179 er rihte sich ûf unde
sprach: D. 1185 si rihte ... — G. 18426 des wære ich
gerne ze ende komen: D. 1012 und wil des zeinem onde
komen — G. 18808 daz mîns hern Gârel dinc stuont alsô:
D. 457 mines herren dinc stât alsô. — G. 19643 und ir
grôzen ungemach: D. 7373 und daz grôze ungemach. —
G. 19833 er hiez überal nemen war: D. 6930 und hiez in
nemen war — G. 20081. 20321. T. 13044. 16522 Artûs
der künic rîche = D. 8406. — G. 20182 und ergap sich

in ir gebot, G. 6145. M. 4993 und ergap sich in sin gebot,
T. 4873 unt ergap sich gar in ir gebot, T. 8822 ergap sich
gar in sin gebot: D. 1599 er gap sich in ir gebot. —
G. 20223 daz ist mir leit und ungemach = D. 2315. —
G. 20351 ir habt mir liebes vil getân: D. 6257 ir hât mir
liebe daran getân. — G. 20624 daz er kœme in kurzer
stunt, T. 15095 unt ...: D. 2962 daz dâ quæme ... —
G. 20989. M. 7578. T. 16225 er wart vil wol empfangen
(G. 17484. T. 5515. 16979 der wart ...) = D. 1742. —
G. 21167 daz het er wol erzeiget hie: D. 6069 nû hât
er wol ... —

M. 603 durch anders niht tet man daz: D. 83. 3944
daz tet er niht wan umbe daz. — M. 815 daz er ir dienen
solde: D. 5127 daz er ir gedienen solde. — M. 1032 ich
wil ir der wârheit jehen, G. 11612 ich wil dir wol
der wârheit jehen, G. 4605 herre, ich wil iu der
wârheit jehen: D. 338. 5854. 7717 ich wil der wârheit
jehen — M. 1337 die dâ vor im lâgen: D. 5818 die dâ tôt
lâgen. — M. 1372 daz si niht vergezzen kunde = D. 6143.
— M. 1753 sô wær ich immer mêre frô: D. 1470 und wære
der rede iemer frô, D. 1530 der rede wær ich iemer frô.
— M. 1897 wol mich daz ich in ie gesach: D. 5136 wol
mir daz ich iuch ie gesach. — M. 1909 daz des nieman
innen wart, T. 14910 daz sin nieman ...: D. 3941 daz
dâ nieman ... — M. 2080 daz er in mit dem swerte:
D. 2437 daz er mit sînem swerte. — M. 2110 daz wil ich
iuch lâzen sehen: D. 1570 ich wil iuch ..., D. 186 ich wil
iuch schiere lâzen sehen, D. 3262 nû wil ich iuch selbe
lâzen sehen. — M. 2422 daz si ir trûren lâzen sîn: D. 5085
daz sie ir weinen liezen sîn. — M. 2678 zuo dem künege
er dô gie: D. 6949 ze dem künec Artûs er gie. — M. 2812
dâ was in liebe an geschehen (G. 8330. T. 7297 dâ ist mir
liebe ...) = D. 7552. — M. 2856 spranc ûf zehant: D. 3060
und spranc ûf alzehant. — M. 2972 owê gelebet ich noch
den tac: D. 1488 gelebet er iemer den tac. — M. 3037 der
künec Artûs in enpfienc: D. 382 der künec Artûs enpfienc. —
M. 3150. 6662. 6667 langer wart dô niht gespart, M. 17682
langer wart dâ niht gespart: D. 3042 sô wart dâ lenger

2

niht gespart. — M. 3808. T. 14543 dô wart urloup genomen = D. 4950. — M. 3850 schieden sich vil minneclîche: D. 8418 sie schieden sich minneclîche. — M. 4448 owê wær ich dâheime beliben: D. 5855 ich wære gerne dâheime bliben. — M. 4514. T. 14761 ez sî wênic oder vil, T. 17177 des sî ..., G. 5119. T. 5211 ir wære ...: D. 4194 es sî ... — M. 4718 dô biten si niht mêre: D. 1972 und biten dâ niht mêre, D. 6448 nû biten sie dâ niht mêre. — M. 4895 der iuch von sorgen machet frî: D. 6214 der sie von sorgen mache frî. — M. 5255 er empfienc in wol an der stunt: D. 4859 und enpfienc in an ... — M. 5378 ze sînem gaste er dô gienc: D. 2611 ze sînem rosse er hin gienc. — M. 5482. 8811. 8824 des het ich immer schande: D. 2179 des hæt ich aber schande. — M. 5832 der künic sprach: ich hœre wol: D. 4637 Daniel sprach: sô hœre ich wol. — M. 5874 ez enwart nie tac sô guot: D. 1691 nû enwart nie wille sô guot. — M. 6279 des habe wir immer schande (T. 11797 wir hæten immer schande): D. 6379 sô hân wir's iemer schande. — M. 6382 vil wol er des sît genôz: D. 7584 daz siu es sît wol genôz. — M. 6495 er sprach: daz wil ich iu sagen (G. 6785 er sprach: ich wil iu ...) = D. 7095. — M. 6984 dô wart niht langer ûf gespart: D. 1706 dô wart ez lenger niht gespart. — M. 7093 wâ er des nahtes wære: D. 5306 war er ... — M. 7498 daz ir der wârheit müezet jehen: D. 923 daz er der wârheit müeze jehen. — M. 7612 ich hân doch jâmer unde nôt: D. 5901 si hâte jâmer unde nôt. — M. 7725 ze einer grüenen linden: D. 2402 ût einer ... — M. 7728 dâ was ir diu wîl niht lanc, T. 1101 dâvon was in diu ...: D. 3834 sît was diu wîle niht lanc. — M. 7742. T. 1942 mit sper und mit swerte: D. 7122 mit sper oder mit swerte. — M. 7860 ir ritter si dô alle bat: D. 5892 die ritter er allesamet bat. — M. 7912 daz man indert vant (: gewant): D. 6520 daz man iendert in der welte vant (: gewant). — M. 7918 als er von rehte solde (T. 15735 als si ze rehte solde, G. 12098 als ich von rehte olde) = D. 1660. — M. 7967 nu was ouch komen in daz lant, M. 3795 wâren komen in ..., T. 17212 was wider komen ...: D. 8025 was er komen ... — M. 8125 des hetens alle wol gesworn: D. 3590 si hæten alle wol gesworn. — M. 8220 dâfûr sî min triwe iwer pfant: D. 2804 des sî mîn triwe dîn pfant. — M. 8268. 9470 sus sach man sie zesamene komen, G. 2681. 3563 sach ...: D. 5478 dâ sach ... — M. 8269 diu sper si zerbrâchen: D. 5480 unz diu sper zerbrâchen. — M. 8297 daz si ir beider wurden blôz: D. 1638 daz si der schilte wurden blôz. — M. 8305 daz ez ûf den zenen widerwant: D. 3053 daz ez im ûf der swarten widerwant. — M. 8349/50 man moht an der frouwen vil grôzen jâmer schouwen: D. 2571/72 man moht an sîner frouwen sô grôzen ... — M. 8438 daz si wol wurden sigehaft: D. 5702 si wurden an in wol sigehaft. — M. 8779 beide wilt unde zam: D. 4310. 8371 ez wære wilt oder zam. — M. 9000 dô man daz mære bevant (G. 9317. T. 17691 dô man diu mære ..., G. 19075 dô man daz mære reht ervant, G. 8002 als er daz mære bevant) = D. 1272. — M. 9174 zuo der verte was im gâch, M. 10725 zuo der verte was in gâch: D. 1026 im was ze der verte gâch. — M. 9176 dô huoben sie sich an die vart = D. 8063. — M. 9803. 9813 daz du ze disen zîten, M. 6079 daz wir ze ..., T. 8331 daz ich ze ...: D. 7938 daz siu ze ... — M. 10204 oder ich næme im daz leben, T. 5412 oder er næm uns daz leben: D. 7673 er benæme im ... — M. 10351 die ritter sprâchen: daz ist wâr: D. 2876 sie sprâchen alle: daz ..., D. 4816 dô sprâchen s'alle: daz ... — M. 10434 daz ich die süezen sæhe (10433 ob ... geschæhe): D. 7808 daz ich daz netze sæhe (7807 ob ... geschæhe). — M. 10470. T. 1164 als rehte liep ich dir sî: D. 6099 als liep wir iu alle sîn. — M. 10496 daz in die solden schouwen: D. 7556 daz sie in solden ... — M. 10592 si vorhte daz daz mære: D. 2428 nû vorhte er, daz ein mære. — M. 10828 ûz dem gezelt er dô gie, T. 15618 ûz dem gezelte gie: D. 2453 ûz dem gezelte gegie. — M. 10950 diu juncfrouwe clagt im dô: D. 3708 der künec klagete ... — M. 11000 wir suln rehte wol genesen: D. 1414 wir soln wol vor im genesen. — M. 11049 mit liebe und mit leide: D. 2338 mit fröuden und ... — M. 11201 dô riten si mit freuden dannen = D. 8419 — M. 11222 dô si den tac ersâhen. D. 5379 unz sie den andern tac ... — M. 11377. T. 7892 lât iu wol bevolhen sîn = D. 7971. Dazu folgende Varianten: M. 5342 lât iu wol empfolhen sîn. G. 1948. 4816. T. 16580. 17278 lâ dir wol bevolhen sîn. M. 5288 lâz dir wol bevolhen sîn. G. 20366. T. 716. 17360 und lâ dir wol bevolhen sîn. G. 16902 und lât iu wol empfolhen sîn. M. 2997 lâz dir in wol empfolhen sîn. M. 4368 lâz dir in wol bevolhen sîn. T. 1471 und lâ dirs wol enpfolhen sîn. T 17292 die lâ dir wol bevolhen sîn. G. 14589 lâ dir min êr bevolhen sîn. M. 6989 lâz dir min êr bevolhen sîn. G. 17897 lât iu daz her bevolhen sîn. — M. 11833 dô sprach diu frouwe wol getân = D. 4648. — M. 11965 wir suln gên in riten, M. 8977 wir suln von hinnen riten: D. 2890 wir soln für uns riten. — M. 12234 sit ez iuch alle dunket guot: D. 6102 und iuch ..., D. 6035 daz uns alle ... — M. 12293 den lêch er dô mit sîner hant, T. 11094 der lêch mit sîner werden hant: D. 8366 daz lêch er mir mit siner hant. — M. 12336 dô wurden sie des enein: D. 267 dô sie des wurden enein. — M. 12494. T. 7358 swaz mir êren ie geschach: D. 113 und swaz im êren geschach.

T. 36 wie er ir hulde gewinnnen: D. 1519 ir ... T 204 wan ez stuont umb in alsô: D. 5354 ez stuont dâ: ze hove alsô. — T. 309 die schœnste die er ie gewan D. 4381 die græsten die er ie gewan. — T. 348 dannoch hetens niht vernomen: D. 2223 er hâte dannoch niht ... T. 612 von wannen si wære komen dar: D. 2229 und warumbe er wære ... — T. 694 Artûs der künec sprach zehant: D. 8385 der künec Artûs sprach ... — T. 1056. 6942. 16993 daz er âne sinen danc: D. 3664 dâ er ... — T. 1069 er weste niht wazim geschach: D. 7763 ich weste niht daz ez geschach. T. 1108 unz si den tac hin vertriben. — D. 5377 dô si den tac alsus vertriben. — T. 1352 sol ich der sorgen walten: D. 5868. 7574 sol ich des libes walten. — T. 1190 daz dûhte den künec ein schande D. 6156 nû gedûhte mich diz ein schande. — T. 1557 daz was im leit und ungemach (T. 12903 ... leide und ungemach) = D. 2493. — T. 1650 ich wil allen minen friunden klagen: D. 5835 daz wil ich iu allen klagen. — T. 1745 daz ich gar unschuldic bin: D. 1300 sit ich sus gar ... — T. 1749 möht ich daz wol erwenden: D. 7743 moht ich ez niht erwenden. — T. 1762 daz wirbe ich gerne unde wol: D. 1536 daz tuon ich ... — T. 2688 daz sie den degen sâhen: D. 1976 daz sie daz hûs sâhen. — T. 2720 beidiu er gebôt unde bat, T. 11153 er ...: D. 963 beide er bat und enbôt. — T. 2966 des sol uns dunken niht ze vil: D. 4549 des endunke iuch niht ze vil. — T. 3093 mir ist iwer genâden nôt: D 4938 da ist mir iuwer hilfe nôt. — T. 3121 nû tuot: iwer triwe schîn, G. 10719 an der tuot ..., T. 14539 herre, tuot iwer zühte schîn: D. 8380 nû tuot iuwer tugent schîn. — T. 3260 Kei begunde in allen sagen: D. 2150 daz begunder in allen sagen. — T. 3533 und dankete im flizecliche = D. 8405. Dazu folgende Varianten: G. 20956 und dankten im .... G 19351 dankt er flizecliche, G. 20703 und dankte flizeclichen, T. 641. 7801 unt dankte in flizecliche, T. 3065 dankten sie im flizeclich, T. 10650 unt dankte im flizeclich, T. 12666 er gedankte in flizecliche, T. 17193 unt dankten ir flizeclich, T. 17378 unt dankten flizecliche, T. 17937 dô dankte er flizeclichen. — T. 3648 die ritter sprâchen alle dô = D. 4851. — T. 4063 mir wäre guoter helfe nôt: D. 1072 ... guotes râtes nôt. — T. 4156 die enkunden niemer daz bewarn: D. 253 des enkunden sie sich niht bewarn. — T. 4158 sie mohten in niht entrinnen = D. 3850. — T. 4213 die mac ich nimmer mêr verklagen, T. 6530 daz kan ich nimmer ..., G. 17049 sô möht ich ...: D. 2728 den mac ich niemer ... — T. 4311 ze sô grôzem herzensêre: D. 5900 in grôzem ... — T. 4398 im tâten sîne wunden wê: D. 3279 ... sîn ougengruoben wê. — T. 4400 den schilt er hinder im lie: D. 7187 sîn swert er hinder sich lie. — T. 4588 ir ougen wurden naz: D. 4862 ir ougen wurden vor fröuden naz — T. 4657 ich wil nimmer werden frô: D. 3917 ern wolde niemer ... — T. 4786 herre, iuch darf niht wunder hân: D. 1594 es endarf iuch niht ... — T. 5083 mir ist sô liep von iu geschehen: D. 2296 mir ist ein liep … — T. 5085 daz nie wîp von manne als liep geschach: D. 5913 daz nie wibe leider geschach. — T. 5370 sô ist daz lasterlich getân. G. 18042 daz heiz ich lasterlich getân: D. 856 diz wær uns lasterlich getân. — T. 5412 oder er næme uns daz leben, M. 10204 oder ich næme im daz leben: D. 1723 er næme im daz leben. D. 7673 er benæme im daz leben. — T. 5530 mir ist nu aller sorgen buoz: D. 8404 er sprach: nû ist mir sorgen buoz. — T. 5720 sîn ors er an die slegen bant, T. 5004 sîn ors er zeinem boume bant. T. 10363 daz ors er an die brücke bant: D. 2417 sîn ors er an die linden bant. — T. 5916 ûf den helm, den er ûf truoc: D. 1664 … er truoc. — T. 5936 er sluoc im abe daz houbet: D. 4795 und sluoc … T. 6032 sîn gebær was freissam: D. 3369 sîn gebærde wâren freissam. — T. 6121 daz der rise dâ was erslagen, T. 7069 daz der rise wære erslagen: D. 3837 daz der rise was … — T. 6126 anders wærn sie niht genesen: D. 2955 dâ wære anders nieman genesen. — T. 6182 er gedâhte in sînen sinnen, G. 5974. M. 8361. T. 774 er gedâhte in sînem sinne, M. 7359 si gedâht in ir sinne, T. 805. 8531 gedâhte er in sînem sinne: D. 1143 er dâhte in sînen sinnen. — T. 6212 er was des tivels genôz, T. 8617 der was wol des tivels …: D. 1881 er ist des … — T. 6542 waz ir mir liebes hât getân: D. 7580 daz ir mir liebe hât … — T. 6572 du muost den lîp verlorn hân: D. 4990 er muoz den …, D. 3764 er muose den … — T. 6700 ich lieze dich nimmer genesen: T. 2061 ich enlieze dich niht genesen — T. 6702 er sprach: ich wil dich leben lân (G. 2270. 18232 sprach …, G. 3804 ich wil dich gern leben lân, G. 2262. 3768 ich wil in gern leben lân) = D. 4103. — T. 6725 dû wirst des tôdes wol gewert: D. 1283 die sint des tôdes gewert, D. 2101 er wart des … T. 7162 dêswâr, ob ich leben sol (G. 20823 von mir, ob ich leben sol) = D. 6148. — T. 7245 unz si geruoten nâch ir nôt: D. 1771 unz er geruowete nâch der nôt. — T. 7859 daz er dâ wolde beliben = D. 387. — T. 8458 wie verklagete ich die nôt: D. 1932 doch verklagete … — T. 8553 den er dâ vor vant: D. 3790. 5586 swen er vor im vant, D. 3190 swen er dânach vor im vant. — T. 8853 unt nam sin wol mit flîze war: D. 5706 und nâmen sin vil wol war. — T. 8915 ich wil ê niht erwinden, G. 11056 ich wil des niht ...: D. 1003 ich enwil niht ... — T. 8923 der iu sô leide hât getân: D 4203 der iu iht leides habe getân. — T. 9033 darûf ein kalter brunne entspranc: D. 2404 darunder ein ... — T. 10065 indert über al mîn lant: D. 962 über allez sin lant. — T. 10215 daz was wol einer mîle breit: D. 8367 daz ist einer ... — T. 10248 beidiu êre unde guot: D. 7532 beidiu êre unde guot. — T 10691 dô er kôm dar gegangen = D. 4749 (quam). — T. 11250 er brâhte uns alle in grôze nôt, T. 14520 er brâht mich selbe in grôze nôt: D. 4495 und brâht iu in sô grôze nôt, D. 3220 er brâhte sie in solhe nôt. — T. 11342 mit allen mînen sinnen (G. 6107 mit allen sînen sinnen, M. 2581. 7156 mit allem sînem sinne) = D. 7629. — T. 11452 dô der tac ein ende nam: D. 2367 unz der ... — T. 11809 daz er kumt in kurzer frist: D. 1836 unde komt ... — T. 12195 dô er die maget komen sach, M. 7415 dô si die maget ...: D. 2610 dô er sie komen ... — T. 12310 des ich mich hân angenomen (G. 7917 wan ichz mich hân ...) = D. 1850. — T. 12333 der ist der allerküenste man, G. 3671 mit dem allerküensten man, G. 11613 du wart der allerküenste man: D. 149 der allerküenste man. — T. 12426 des swuor er ir einen eit: D. 4226 wan er swuor ir ... — T. 12631. 13936 sprâchen die bruoder alle drî: D. 3742 die ritter sprâchen alle drî. — T. 12715 swaz in got wolde füegen: D. 2358 daz in ... — T. 12806 unt schuofen schône ir gemach, M. 9236. T. 13950 si schuofen ..., G. 16073 die naht si schuofen ir gemach, M. 10357 die naht schuofens ir gemach: D. 3896 unde schuofen ir ... — T. 13055 man hôrt vil swert erklingen: D. 659 man hœrt diu swert da klingen. — T. 13078 mit den scharpfen swerten: D. 3183 mit den guoten swerten. — T. 13684 dâ er den werden ritter sach: D. 4741 dâ er die guoten ritter sach. — T. 13964 daz dûhte sie alle wunderlich: D. 5331 daz dûhte iu harte wunderlich, D. 4218 ez dûhte iu ... — T. 14300 swie vil dâ ritter wære: D. 5162 swie vil der liute wære. — T. 14476 swie ez ist ergangen: D. 7836 swie schiere daz ist ergangen. — T. 14550 Artûs der künec beleip dâ: D. 5880 der künec Artûs beleip dâ. — T. 14591 tuot iwer gnâde an mir schîn: D. 7770 tuot iwer tugent an ... — T. 14739 nû merket waz ich meine = D. 3632. — T. 14772 dô er die rede erhôrte: D. 4757 daz er die rede gehôrte. — T. 14862 herre, sît gote willekomen: D. 7270 si sprach: sît ... — T. 14897 daz tuon ich gerne âne spot: D. 8057 ouch verdiene ichz gerne ... — T. 15208 des wart dâ vil für getragen: D. 1479 des wart dâ wunder für ..., D. 6540 des warf dô wunder ... — T. 15350 frouwe, ir sult gewis sin: D. 6782 jâ frouwe, ir sult ... — T. 17607 si fuoren dar mit schalle: D. 7553 sie liefen dar ... — T. 17612 der künec hiez wol nemen war. M. 3750 Artûs hiez ..., M. 1174. T. 7242 und hiez ir schône nemen war: D. 3846 der künec hiez ir nemen war. — T. 18066 an dem pfingesttage fruo = D. 6521. — T. 18161 sie fuoren frœlichen dan, T. 7432 und fuoren frœliche dan, G. 6930 und fuoren frœlichen dan: D. 351 sie riten frœlîche dan.

II. solche Stellen, die mit größerer Wahrscheinlichkeit aus dem Daniel als aus Hartmann, Wirnt oder Wolfram entlehnt sind.

G. 4950 (4949 swer ...) und daz beste geren tuot: D. 4966 swer daz beste gerne tuot; Wig. 174 ob er daz ... — G. 155. M. 187. 10205 binamen daz wil ich besehen: D. 4105 daz wil ich iesâ besehen; Wig. 2135 frouwe, ich wil daz besehen. — G. 165 aller mîner êren: D. 7251 aller sîner êren; Iw. 2649 und aller sîner êren. — G. 617. 1911 alle geliche = D. 5511. 6881. alle dâ gelîche Erec 2174. G. 1561 ich wil dir sagen mînen namen: D. 2045 hœre, ich sage dir mînen ...; Iw. 7470. Erec 9382 ich wil iu mînen namen sagen. — G. 1562 du darfst ouch dich vor mir nicht schamen: D. 322 ir endurfet iuch vor uns niht ...; Erec 4752 du endarft dich nicht sô sêre schamen; Wig. 3112 irn durfet iuch niemer des geschamen.

— G. 1640 sus ist ez hie ergangen, G. 7632 sus ist ez im ergangen, G. 16512 nu ist ez sô ergangen: D. 5852 nû ist ez hie ergangen; Erec 1103 nû was ez alsô ergangen; Parz. 768, 19 daz ist alsô ergangen. — G. 2020 mîn herze was bevangen: D. 4881 sîn herze . . .; Iw. 3038 sîn herze wart . . . — G. 2532 ich wæne geliche: D 6788 ich wæne ouch. sîn geliche. D. 8226 ich wæne, ir geliche; Wig. 2469 daz, wæn ich, ir geliche. — G. 2628. 2641 daz er sich hât angenomen, M. 7275 daz si sich het angenomen: D. 2991 daz er sichz selbe het . . .; Iw. 2482 wande er sichz het . . G. 7122 des begunden si im genâde sagen = D. 3912. si begunden im genâde sagen Wig. 5972. — G. 7751 die mir nu got hât gegeben, M. 12727 den mir got . . .: D. 7053 die mir got . . .; Parz. 251, 21 die mir got hât an ime gegeben; a. Heinr. 1250 daz dir got hât gegeben. — G. 8471. T. 4630. 4720. 18185 des sult ir vil gewis sîn, G. 4544. T. 16633 des solt dû vil gewis sîn, G. 17582 du solt des vil gewis sîn: D 6320 ir solt des vil gewis sîn; Erec 658 ouch sult ir des gewis sin. — G 19088 daz er behalte sînen lîp: D. 1451 daz er behielte den lîp; Erec 8639 daz er im behielte den lîp. — G. 11922 Gârel im half, daz er genas: D. 3298 der half im, daz . . ., D. 4043 diu half . . .; Parz. 643, 28 diu im half, daz . . . — G. 13596 dâ wart urloup genomen, G. 5380 hie wart . . ., G. 16395. M. 5724 urloup wart al dâ genomen, M. 8076 urloup wart dô genomen: D. 4950 dô wart urloup genomen; Iw. 2924 sus wart dâ urloup . . .

G. 15943 daz het er gerne getân = D. 357. daz heten sî gerne . . . Iw. 7277. — G. 16063 daz si niht mohten fürbaz komen: D. 3949 dâ er niht fürbaz mohte komen. — G. 18056. M. 3686. T. 8804 durch aller frouwen êre: D. 695 durch der frouwen . . .; Wig. 6172 durch sîner frouwen . . . — G. 19539 wan in vil liebe was geschehen: D. 1042 im was vil liebe geschehen, D. 2143 im was liebe geschehen; Gregor 1970 im was sô liebe dran geschehen. —

M. 944 si sprach: lâz die rede sîn: D. 1853 si sprach: lât die . . .; Erec 6419 er sprach: nû lât . . . — M. 2656 zehant wil ich herwider komen, T. 11530 ich wil nimmer

herwider ...: D. 1952 sô wil ich dar wider komen; Wh.
110, 14 und wil dâ herwider ... — M. 2804. T. 15166
man moht dâ küssen schouwen, M. 12454 ... dâ weinen
schouwen: D. 3422 dô mohte man striten schouwen; Parz.
762, 20 man moht dâ clârheit schouwen. — M. 6604 alle
die in disem lande sint: D. 4463 die ...; Gregor 1461
die in disen landen sind. — M. 7872 ez wart nie künic
sô riche, G. 4966. T. 8847 ez wart nie künic alsô rich:
D. 635 ez enwart nie künic sô riche; Wh. 247, 24 nie
fürste wart sô riche. — M. 8038 sines gewaltes ist ze
vil. M. 1830 dînes ..., M. 7720 des gewaltes ...: D. 4606
sines gewaltes ist sô vil; Erec 539 des gewaltes ist sô
vil. — M. 8085 ich wirde nimmer mêre frô: D. 2593 ich
enwirde nimer frô; Erec 1812 jâne wird ich nimmer frô. —
M. 8112 daz tet er allez ûf den sin: D. 2916 daz tet er
durch den ...; Wig. 2128 daz tet er niuwan durch ... —
M. 9039 daz si im guotes gunden: D. 5018 daz sie im
vil guotes ...; Erec 9951 wan si im guotes ... — M.
9405 was geslagen ein schœn gezelt: D. 2398 dâ was
geslagen ein zelt; Parz. 16, 26 dâ was geslagen manec
zelt. — M. 11115 wâren zallen zîten frô: D. 399 sie ...;
Parz 657, 3 Gâwân was ... — M. 12711 mit armen er
sie umbevie: D 6950 mit dem arme er in umbevie; Wig.
7738 mit beiden armen si in umbevie. --

T. 151 unt ger doch nihtes mêre: D. 4836 ich enger
nihtes mêre; Wh. 243, 8 erne gerte nihtes ... — T. 1781
daz er ir sagte mære, G. 17393 daz er sagte mære, G.
17479 daz er mir sagte mære: D. 2227 daz er im sagte
...; Parz. 591, 29 daz si im sagte ... — T. 2515 Kei
schimpflichen sprach, T. 16591. 16619 der künec schimpf-
lichen ...: D. 2790 Daniel schimpflîche ...; Jw. 2589
wan daz er schimpflichen ... -- M. 4518 daz ist an sînen
gebærden schîn: D. 783 ... sînen kinden schîn; Erec 2762
daz was an sînen tugenden schîn, Erec 4330 daz ist an
zwein dingen schîn. — T. 4668 eines tages fuogte ez sich
alsô: D 400 eines tages gefuogtez sich sô; Parz. 657, 4
eines morgens fuogte 'z sich sô. — T. 4760 des sult ir
alles sin bereit: D. 1503 des solt ...; Parz. 651, 26 des

sol er alles ... — T. 5273 diu burc lît einhalp an dem mer: D. 4342 diz lant lît ...; Wig. 10730 diu stac lac ... — T. 5999 des engalt ouch er vil sêre: D. 3480 der engalt ez alsô sêre; Jw. 772 ich engalt es ê sô sêre. — T. 6398 nû kôm er in kurzer stunt, M. 8995 sus kam er ..., M. 10642 dar kam er ...: D. 3948 nû quam er ... — T. 6952 daz er immer würde erlôst: D. 3639 daz er iemer wurde erlôst; a. Heinr. 178 daz er niemer würde erlôst (G. 3696 daz si wurden erlôst: Gregor 3776 daz si würden erlôst). — T. 8421 unt zôch daz ros an der hant, M. 401 sîn ros zôch er an .... T. 8416 daz ros zôch er an sîner hant: D. 1798 und zôch sin ros an ...; Jw. 3460 und zôch sin pfert an ... — T. 8529 daz er niht mohte fürbaz: D. 7001 daz er niht möhte fürbaz; Wig. 6272. 6788 wan ern mohte niht fürbaz. — J. 8696 nu vergebet mir die schulde: D. 6161 und vergebet mir mîne schulde; Parz. 425, 29; 487, 19 nu vergebt im sine schulde. — T. 8809 sît ich von iu vernomen hân: D. 6254 sît ich nû vernomen ...; Jw. 4548 als ich von iu vernomen ... — T. 9113 der was der verlorne (T. 8 der ist der verlorne) = D. 5098. des was er der verlorne Jw. 5630. — T. 9430 des habet ir frume und êre, T. 10307 ... prîs und êre, G. 5059 ... lop und êre: D. 6028 ir hât es frome und êre, Hartm. 1. Büchl. des hân ich frum und êre. — T. 10963 si het ouch leides genuoc: D. 1402 sus hâte sie leides ...; Erec 9690 diu ander hâte leides ... — T. 11418 des habet ir immer êre: D. 7774 ir hât es iemer êre; Parz. 323, 21 des hâstû iemer êre. — T. 11804 ich bræhte in gerne, weste ich wie: D. 7284 ich diende iu gerne, und weste ich wie; Hartm. 1. Büchl. daz tæte ich gerne, wiste ich wie. — T. 12072 swie halt mir darumbe geschiht: D. 8347 swaz mir ...; Parz. 90, 5 swaz halt mir von iu geschiht. — T. 12556 selbe unz für daz bürgetor: D. 999 unz hin für ...; Erec 4591 ûz für ... — T. 13639 vil garzûne riefen: D. 8186 die garzûne ...; Wig. 3001 die garzûne alle riefen. — T. 14846 er brâhte ir liebiu mære, M. 2489 den brâht er liebiu ..., M. 11451 und brâht dar liebiu ...: D. 2007 er brâhte ir liebiu ...;

Wig. 4012 der brâhte sie liebiu ... — T. 15112 **wan daz
si alsô stille sweic**: D. 2461 daz er alsô ...; Jw. 2250
dô si alsô ... — T. 18121 daz man niht verbære = D.
8328. daz er niht ... Parz. 20, 21. —

III. ſolche Stellen, bei denen die Entlehnung aus Hart-
mann, Wirnt und Wolfram wahrſcheinlicher iſt als aus dem
Daniel.
G. 31. M. 101 nu hoert ein frömdez mære: Parz 120,7
nu hoert frömdiu ...; D. 5161 nû hoeret ein spæhez mære. —
G. 251 ze strîte was er wol bereit — Wig. 7370. der wol
ze strîte was bereit D. 2848. — G. 298 herre, mich hât
her gesant, M. 10674 frouwe mich ...: Parz. 683, 27 herre,
uns hât dâ her gesant; D. 441 hât mich her ze dir gesant
(T. 618 der hât mich von [M. 10622 vor] im her gesant:
Parz. 226, 27 hat ...). — G. 5098 des sult ouch ir mir
gunnen: Erec 7924 des sult ir mir wol gunnen, Erec 7666
ir sult mir des wol gunnen; D. 4924 dâvon solt ir mir
gunnen. — G. 681 swaz halt mir von iu geschiht (G. 595.
M. 6300 swaz halt mir dâvon geschiht, G. 6323 swaz halt
uns von iu geschiht) = Parz. 90, 5. swaz ouch uns dâvon
geschiht D. 7076. — G. 694. 9295. 13082. T. 18014 armen
unde richen, M. 2412 von armen und von richen, M. 8547
nâch armen und nâch richen, G. 21041 den armen und
den richen: Hartm. 1. Büchl. an armen und an richen;
D. 6921 die armen und die richen. — G. 747 sus reit er
allen den tac: Iw. 5777 sus reit si allen einen tac; D.
2596 sus huote er allen den tac (T. 8427 sus fuor er allen
den tac: Iw. 269 sô fuor ich allen ...). — G. 763 wan
er dâ nieman ensach: Iw. 6237 wand er dâ nieman anders
sach, Iw. 1406 wand in dâ nieman ensach; D. 4216 wan
daz er nieman gesach. — G. 841 si kunde wol gebâren, G.
10415. T. 7402 si kunden wol ...: Parz. 825, 3 er kunde ...;
D. 6608 daz er wol kunde gebâren. — G. 953 daz was
wol an dem wirte schîn: Wig. 947 ... an der mægde
schîn; D. 6792 das was an manegen dingen schîn. — G.
1022 ich hân niht kindes mêre: Iw. 6608 ich'n hân ...;
D. 1237 er enhâte ... — G. 1159 nu habet frœlîchen

muot, G. 210. 9443 habt einen froelichen ...: a. Heinr. 1178 nû hânt froelichen ...; D. 6324 dâvon hât einen froelichen ... — G. 1182. 12016 daz muost in wol gevallen, M. 11864 das muost ir wol .., G. 10073 si muoste wol ..., G. 824 im muoste wol ...: Parz. 641, 20 daz muose in wol ...; Gregor 588 daz muoz in wol ...; Erec 9941 und muoste im wol ...: D. 6491 er muose ir wol ... — G. 1263/4. 20811/2 daz sich iwer êre breite unde mêre = Iw. 2903/4. des sich ...: D. 6033/4. — G. 1414. 4124. 14638 14710. 14751. M. 5102. 8168. 10042. 10093. T. 2276. 2807. 13038. 14271. 16770 mit rechter manlicher ger (G. 13814 mit vil manlicher ger) = Parz. 111, 19. 260, 27. mit sô manlicher ger D. 276 (G. 14868 mit vil manlicher wer: Parz 196, 23 mit rehter manlicher wer). — G. 1435. M. 609. 4211. T. 4303. 12146 gedâht in sinem muote: Iw. 1669 er ...; D. 1353 er dâhte in sinem muote. — G. 1695. 5299 ich leiste gerne ir gebot, T. 10514 ich leiste gerne iwer gebot, T. 16256 leiste gerne iwer gebot, T. 17200 ich leist mit triwen iwer gebot: Parz. 757, 9 er leiste ouch gerne ir gebot, Parz: 246, 12. 818, 5 sô leiste ich gerne sin gebot, Parz. 122, 30 ich leiste ab gerne sin gebot; D. 4677 ich leiste sunst iuwer gebot. — G. 1884 des genâten si sînen hulden: Iw. 2730 des genâdet er ir hulden; D. 5793 sie swuoren des sinen hulden. — G. 1900. 9637 als man die lieben friunde sol, G. 7134 als man der lieben ...: Wig. 4176 als man den lieben friunt ..., Erec 1520 als man lieben ...; D. 384 sô man vil lieben friunt sol. (G. 7442 als man liebe geste sol: Iw. 4766 als man lieben gast sol.) — G. 2403. 20752 er sprach: trûtgeselle min, M. 1568 si sprach ...: Wh. 192, 27 dô sprach er: trûtgeselle min, Wh. 290. 19 dô sprach si ...; D. 3968 owê trûtgeselle min. — G. 3013 Gilâm, lâ dir bevolhen sin: Parz 127, 25 sun, lâ ...; D. 7971 lât iu wol bevolhen sin. — G. 3413 bêdiu schilt unde sper = Erec 610. 2652. 3080. 8962; beidiu sper unde schilt D. 5037. — G. 3552 dô si die ritter sâhen = Wig. 5172. dô sie den ritter ... D. 1443. — G. 5091 und jâhen algemeine: Parz. 700, 9 die jâhen ...; D. 4980 und sprâchen algemeine. — G. 5422 er was hövesch unde wîs, G. 1034 der was ...: a. Heinr. 74 er was hübesch und darzuo wîs; D. 6790 er was biderbe unde frome. — G. 5653. T. 6297 wan er mit dem tôde ranc == Wh. 65,5. und er noch mit ... D. 3746. — G. 5861 von mannen noch von wîben: Erec 9470 von manne noch von wibe; D. 6861 den mannen und den wiben. — G. 5882 ein juncfrouwe wol getân == Parz. 573, 30. diu juncfrouwe ... D. 4856. — G. 5953 wan er vorhte den tôt: Erec 6664 wan sie vorhten den tôt; D. 2535 er vorhte sêre den ... G. 7696 daz ich got immer klagen wil: Gregor 2560 daz ich ez gote klagen ..., Iw. 3976 daz ichz ...; D. 1250. 5962 daz wil ich iemer gote klagen. — G. 7729. M. 910 dô sprach diu edel künegin = Erec 6506 und G. 19796. T. 10059 dô sprach diu guote künegîn == Iw. 230: dô sprach diu künegîn D. 6100. 6127. Erec 1170. Iw. 2340. 8121. — G. 8430 sô nemt daz in iuwern muot: Iw. 1987 sô nemt durch got in ...; D. 6036 daz nemet ouch ir in ... — G. 9042 ir freude diu wart manecvalt: Wig. 508 ir freude was vil manecvalt; D. 3079 des wart ir zorn manecvalt. — G. 9153 der wart dâ wol empfangen, T. 10690 er wart ..., G. 12546. 14344. T. 1784 der wart wol ...: Parz. 630,30 diu wart dâ wol ...; D. 1742 er wart vil wol ... (T. 14434 von den wart er wol empfangen [M. 1118 von den wart wol ..] = Iw. 4379. — G. 9626. T. 2254 daz tet der künic umbe daz. G. 14437 daz tet der helt umbe daz: Erec 826 daz tet er umbe daz; D. 83. 3944 daz tet er niht wan umbe daz. — G. 9962 herr, swaz ir mir ze êren tuot: Wh. 250,11 swaz ir uns danne ze ...; D. 8264 swaz ir mir ze liebe tuot. — G. 10053 man moht dâ schönheit schouwen: Parz. 762,20 ... dâ clârheit schouwen; D. 1749 dô mohte man dienest schouwen. — G. 10342 gnâte des vil sêre: Erec 4915 er gnâdet im vil ..., Iw. 2723 und genâdet ir vil ..., Iw. 5441 genâdeten si ime sêre; D. 1971 genâdeten im vil sêre (T. 7454 unt dankte im des vil sêre: Parz. 698,26 und danket im des sêre) — G. 10613 daz ist alles guotes übergulde: Erec 10132 deist goldes übergulde; D. 1812 alles leides übergulde. — G. 11086 und sint alsô

manhaft, T. 6185 beide sint sô manhaft: Iw. 6339 die sint
alsô...; D. 5624 und wären alsô... — G. 11851 und darzuo allez daz ich hân: Erec 521 und allez...; D. 6258 min lip
und allez... — G. 12170 dô erbarmete im mîn grôziu nôt, T.
5689 unt erbarmet in sîn groziu...: a. Heinr. 1265 dô erbarmete
in ir nôt; D. 1426 ouch erbarmete in ir nôt. — G. 12413 der
künec sprach: daz ist mir leit: Iw. 6278 der riter sprach:...;
D. 1843 er sprach: frouwe, daz... — G. 12470. T. 15026
in allen er des verjach: Parz. 334, 13 ... jach; D. 958
und in allen des verjach. — G. 12914 ir helt, nu lât iu
dez gezemen: Parz. 174, 6 er sprach: des lâzet iuch gezemen; D. 4691 sô lât iu niemer des gezemen. — G. 13204
oder ich wil nimmer mêre: Wig. 436 ode ich'n wil niemer
mêre; D. 5976 des enwil ich niemer... — G. 13853 er
und sin geselleschaft: Wig. 9905. 10594 Êrec und...;
D. 895 ich und min geselleschaft. — G. 15333. T. 11123
der mir den schaden hât getân = Parz. 412, 8. der mir ê
schaden ... Parz. 664,6. die uns den schaden hânt ...
Parz. 30, 26; der uns den schaden hât ... D. 3786. —
G. 15426. 15464 daz er viel tôter ûf daz gras: Wig. 7171
tôter viel ûf ...; D. 3069 und tôt viel uf ..., D. 3449
der tôt viel ûf ... — G. 15515 dâ mohte niht vor gestân,
G. 15629 dâvor mohte niht gestân: Iw. 6685 dane mohte
niht vor bestân; D. 1552 dâ enkunde niht vor gestân. —
G. 16643 ob ir sît lebende oder tôt, T. 11470 ob er wære
lebende...: Gregor 3883 weder er si lebende..., Wig. 1280
weder er lebete ode wære tôt, Wig. 7924 ob er lebte
ode wære tôt; D. 5656 eintweder lebende oder tôt.
— G. 16760 si sprach: vil lieber herre: Iw. 4315.
5460. 6016. 6130. Erec 4146. 5874. 6803. Wig. 2438 si
sprach: lieber ...; D. 2649. Gregor 987 si sprâchen lieber
herre. — G. 18149 und nam imz swert und liez in ligen,
G. 11593 die nam er und ...: Iw. 747 er nam min ros
und liez mich ligen; D. 4102 er gie hin und liez in liegen.
— G. 18854 ouch sult ir gewis sîn: Erec 658 ouch sult ir
des gewis sîn; D. 6320 ir solt des vil gewis sîn. — G. 19127
nu ist ez mir alsô gewant, G. 17268 nu was ez ...,
M. 942 alsô ist ez mir gewant: Iw 2311 w nd ez ist mir

sô gewant, D. 1381 als ez mir nû gewant ist (G. 8466 ez ist umb mich alsô gewant: Iw 190 ez ist umb iuch alsô ..., Erec 3932 ez ist umb uns sô ...). - G. 19695. M. 2698 swaz ir gebiet, daz si getân, G. 3798 swaz du gebiutest. daz ist getân: Iw. 243 swaz ir gebietent, deist getân; D. 1557 swaz ir dann welt. daz ist getân. — G. 20566. M. 2718. 10360. 11466. T. 1607. 2050 daz wart niht langer ûf gespart (G. 12116. 16854. 17724. 19408. T. 1674. 3824. 3962. 8300. 8961. 12098 diu wart ..... T. 9175 niht langer wart daz ûf gespart): Parz. 172, 1 daz wart niht langer dô gespart; D. 7787 daz wart lenger nit gespart. — G. 21067. T. 5655. 15817 nu hœrt ein ander mære = Parz. 110. 10 205, 17 238, 2; nu hæret ein spæher mære D. 5161. —

M. 232 er sprach: ich sage dir mînen muot: Erec 3827 ... in mînen muot, D. 5736 nû vernemet, ich sage iu .. — M. 576. 2544 nie künic wart sô riche, G. 4322 nie kaiser wart ..., G. 16260 nie kein künic wart .. : Wh. 247. 24 nie fürste wart ...; D. 635 ez enwart nie künec sô riche — M. 1386 ôwê warumbe tuot si daz: Parz. 114, 20 ôwê warumbe tuont si daz; D. 300 warumbe tuot diu welt daz, Erec 7990 nû warumbe tuot ir daz. — M. 2134 der künec zuo dem ritter sprach: Erec 1284 ... den rittern sprach; D. 6754 diu frouwe zuo dem ritter sprach. M. 2196 des was diu massenîe frô: Wig. 2181 des wart diu ...; D. 7783 des was Daniel frô. — M. 2366 des bin ich an ein ende komen = Erec 6004. des bin ich wol ze ende ... D. 333. — M. 2694 ich müeste mich des iemer schamen: Erec 7988 ich müeste mich wol immer schamen; D. 918 ich wolde mich iemer schamen. — M. 3159 und mîn friunde die hie sint: Wh. 144, 28 mîne bruoder die hie sint; D. 4906 und die ritter die hie sint. — M. 3229 herre, lât die rede sin (T. 3138 vater lât ..) = Erec 4678. si sprach: lât ... D. 1853. — M. 3252 herre, er ist hie nâhen bi: Wig. 5805 frouwe, ez ist ...; D. 4642 siu sprach: er ist hie nâhe bi. D. 2881 er sprach: ez ist hie nâhe bi — M. 1193 daz het er alsô lange getriben: Gregor 2019 des het er alsô vil getriben; D. 4141 und hât daz getriben. — M. 4464. T. 1003 beide spâte unde fruo = Gregor 1222. die ... D. 4262. — M. 6103 Meleranz sprach: nû en welle got: Iw. 4782 her Îwein sprach..., D. 1299 herre, nû ... — M. 6328 der uns den herren hât erslagen: Iw. 2095 der mînen herren ...; D. 6072 er hât unsern herren erslagen. — M. 7128 sprach: herre, ich muoz iu klagen: Parz. 615, 27 sie ...; D. 4244 si sprach: herre, ich wil dir klagen. — M. 4289 er het vil mangen gedanc, T. 8446 nû het er manegen gedanc, T. 8562 er hete manegen... Parz. 512, 2 dô het er manegen ...; D. 1073 sus gewan er manegen ... — M. 7392 von der ich iu hân gesaget, T. 1932 von der ich ê hân ...: a. Heinr. 356 von der ich iu ê hân ...; D. 7419 daz ich iu ê ... — M. 7415. M. 7638 diu was sô rehte wol getân, M. 4739 die sint sô ...: Wig. 1739 si was sô ...; D. 1602 alsô rehte... — M. 7790 si sprach: herre, ich wil iu sagen, M. 1959 er sprach, kint, ich wil dir sagen: Wig 3920 si sprach herre, ich wilz iu sagen, D. 7095 er sprach: daz wil ich iu sagen. - M. 8622 von dem lande was in gâch: Erec 4117 was im von dem lande gâch; D. 7007 von den rossen wart in gâch. — 8917 dô begunder urloubes gern (M. 8783 er begunde urloubes gern, T. 17370 begunde urloubes gern) = Iw. 3805. nû begunder urloubes gern D. 1765. (G. 3043 si begunden urloubes gern, G. 10645 nu begunden sie urloubes gern: Erec 3641 urloubes begunden si dô gern. — M. 9002 in dem lande überal: Gregor 860 in den landen überal; D. 6768 in dem hove überal. — M. 9474 von dem rosse ûf daz gras: Parz. 611, 18. Wig. 457. 3023 von dem orse .. ; D. 7406 von dem pferde ... — M. 9531 diu verstâchen sie zehant: Wig. 6659 sus verstâchen ...; D. 292 diu zerbrâchen sie zehant. — M. 10414 davôn ich ê hân geseit: Erec 2354 als ich ...; D. 3002 dâvon ich iu ê gesaget hân. — M. 10577 Berlin, nu lâz dir wesen gâch: Iw. 958 er sprach: nû lâ dir ...; D. 7306 er sprach: nû lât iu wesen gâch. — M. 11727. 11947 für die burc ûf daz velt: Iw. 3068 ... au daz velt; D. 4260. 4895 für den berc ân daz velt. — M. 12081 wan si wârn sin beide frô: Erec 2121 wan si wâren des beidiu frô; D. 3707 sie wâren sin innéclîche frô. — M. 12703 beidiu sin mâge und sine man, T. 15575. T. 17636 sine mâge und sine man, T. 17643 beidiu mâge unt sine man: Erec 2893. a. Heinr. 1464 beide mâge unde man, Wh. 435, 23 béde ir mâge und ir man; D. 6316 iuwer mâge und iuwer man. — T. 176. 188. 956 mit herzen und mit sinnen, G. 8091. M. 1354. 1906. 7505. T. 12181. 18217 von herzen und von sinne: Wig. 8408 mith erzen und mit sinne; D. 6761. Wig 9739 des herzen und der sinne. — T. 485 alle die sie sâhen, G. 10074 allen die sie sâhen, M. 6135 daz alle. die ez sâhen: Wig. 1741. 11451 alle die sie gesâhen; D. 3576 alle die daz sâhen. — T. 643 gap in richer gâbe solt: Parz. 335, 27 er gap in richer koste solt, D. 8320 und gap in darumbe solt. — T. 720. daz ich dirs iemer lône = Gregor 1148. daz ich iu's ... Erec 4606. Wig. 691; daz mir got iemer lône D. 6187. — T. 1660 daz wirt an im gerochen: Erec 6106 ... an dir gerochen; D. 822 ... hie zehant gerochen. — T. 1796 durch iuwer selbes êre (G. 19047 unt ..., G. 1605 durch din selbes êre, G. 5363 durch iwer selber êre) = Parz. 717, 9. durch iuwer aller êre D. 6260. — T. 2692 der huop sich balde an strites vart: Parz. 410, 30 er huop sich selbe an ...; D. 2737 und huop sich balde an die vart. — T. 3177 ditz was wol nâch mitt em tage: Wig. 3140 ez was ...; D. 2365 wol nâch ... — T. 3348 si wolde gerne schouwen (M. 6754 er ...) = Parz. 83, 2; si wolden ... D. 6248. — T. 5295 die dâ stuonden unde sâzen = Parz. 187, 9. 430, 17. stuonden ... Iw. 6090. dô stuondens unde sâzen D. 5292. — T. 5394 von dem ich ê gesaget hân: Erec 3304 von den i iu ê ...; D. 3002 dâvon ich iu ê ... — T. 5497 er wolt niht langer bîten: Wig. 3336 niht lenger wolder biten, D. 4771 der wolde niht lenger beiten. — T. 5851 waz im geschehen wære (T. 4196 waz in ..., G. 18288. T. 14383 wie im geschehen ...) = Iw. 4434. waz hie geschehen wære D. 6232. — T. 6076 unt nam des vil rehte war (G. 13902. 15378. T. 17137 er nam ..., M. 10664 si nam ..., M. 11839 diu nam ..., G. 2212 ir ietweder nam vil rehte war, M. 9526 ietweder nam vil rehte war, M. 10138 ietweder nam des rehte war) = Iw. 4532. und nam ir ouch vil rehte war D. 1116. — T. 7472 unt gediene ez immer als ich sol (G. 991. |4269. 10765 daz gediene ich iemer ..., G. 7806 ich gedienz ouch immer ...) = Iw. 3666. ich diene ez immer als ich sol Erec 7941; ich verdiene ez als ich sol Iw. 7761; daz gedien ich swie ich sol D. 2259; ich gediene ez swie ich sol D. 7327. — T. 7650 sie vorhten in vil sêre, G. |6219 wan si ...: Iw. 7734 sî vorhten in sô sêre; D. 5437 des vorhten sie vil sêre. — T. 8173 den künec alle bâten: Iw. 7323 den künec sî alle bâten; D. 6244 den künec sie dô bâten. — T. 8844. 11554 in eine kemenâten = Erec 3948. Gregor 517. Parz. 164, 1. 192, 25. in der kemenâten D. 567. — T. 8953. 10103 nâch sinem rosse wart gesant: Iw. 6656 und nâch dem rosse ..., D. 1507 nâch dem getwerge wart ... — T. 9210 sô habet ir den lip verlorn, G. 6329 wan sô habt ir ..., G. 6313 oder ir habt den ..., G. 7914. 7779 wan ir habt den ...: Iw. 1491 sô habt ir den ...; D. 4169 ritter, ir hât den ... (G. 7731 sô hetet ir den .. :] Erec 4135 sô heteut ir ...). — T. 9659 si enpfienc an der selben stunt = Parz. 671, 26. und enpfienc in an der stunt D. 4859. — T. 9836 tuot mir iwer helfe schîn, T. 12103 nû tuo mir dîne helfe schîn: Parz. 259 darnâch tuot iuwer helfe schîn; D. 8380 nu tuot iuwer tugent schîn. — 10416, dô daz diu juncfrouwe sach: Iw. 1483 ... ersach; D. 4241 dô diu juncfrouwe gesach. — T. 11264 in einer kemenâten = a. Heinr. 1187. Parz. 240, 25. Wh. 278,19. 290, 3. in der kemenâten D. 567. (T. 11446 in ir kemenâten = Erec 9925; T. 12119. 13395 in ir kemenâte = Wh. 147, 28). — T. 11469 daz er daz versuohte: a. Heinr. 1362 daz er sî versuohte; D. 7424 daz er sich dâ versuohte. — T. 12482 sprach: herre, daz vergelt in got: Parz. 278, 6 si sprach, hêr ...; D. 2253 er sprach: daz ... — T. 13295 von dem rosse wart im gâch: Erec 6151 dô wart im vome rosse gâch; D. 7007 von den rossen wart in gâch. — T. 14259 der fuorte ein sper in sîner hant, G. 17986 fuort ein ...: Wig. 264 ein sper fuorte er in ..., D. 418 einen schaft fuorte er an der hant. — T. 14880 alle die in sâhen: Gregor 1274 ... gesâhen;

D. 3576 alle die daz sâhen. — T. 15127 darnâch moht man schouwen: Parz. 442, 6 man moht ouch dânâch schouwen; D. 6638 dâ mohte man schouwen. — T. 15681 ergetzen miner riuwen (: entriuwen) = Iw. 2070 (: triuwen); ergetzen iuwer riuwen D. 6092 (: triuwen). — T. 16258 der gnâden, die ir mir hât getân: Iw. 8005 die gnâde, die ir mir habt . . .: D. 7276 den dienst, den ir mir hât . . . — T. 16872 durchslagen und durchstochen: Erec 2603 geslagen und gestochen, D. 1215 geslagen oder gestochen. — T. 18154 dô schiet sich diu hôchzit: Wh. 186, 9 unt schiet . . ., D. 8079 dô huop sich . . . — T. 18299 sie kunden sich vil wol bewarn: Wig. 1995 si kunden sich beide wol . . ; D. 3018 si kunden beide wol . . ., D. 3037 dâmit kunden sie sich wol . . . (G. 10587 ouch kund er sich des wol bewarn: Parz. 559, 24 ich kunde mich des . . .). —

IV. solche Stellen, bei denen Entlehnung aus dem Daniel ebensoviel Wahrscheinlichkeit hat, wie aus Hartmann, Wirnt oder Wolfram.

G. 655. 12401 daz was dem künege ungemach, G. 18285 daz was Keiin ungemach, M. 11587 daz was der künegîn ungemach, M. 1539. 8959. 10586 daz was ir herzen ungemach, T. 2739 daz was dem helde ungemach: Erec 4048 daz was dem wirte ungemach; D. 1407 daz was Daniêle ungemach, D 4100 diz was Daniêle . . . — G. 806. 9049 19412. M. 3146. T. 14986 langer wart dô niht gebiten, G. 10523. T. 12786 langer wart da niht gebiten, M. 12672 nu wart dâ niht langer gebiten: D. 1403. 7889 dô wart lenger niht gebiten, Erec 2653. 4104. 4205 dô wart niht langer gebiten; Parz. 268, 25. 443, 24, Wh. 198, 14 dâ wart niht langer dô gebiten, Parz. 688, 4 done wart niht langer dâ gebiten. — G. 992. 9965. 16387 herre, ich getrowe iu wol, G. 13427 ich getrowe iu allen wol, T. 7471 wan ich iu des getrowe wol, T. 10027 herre, des getrowe ich iu wol: D. 6104 ich getriuwe iu des wol; Parz. 11, 30 ich getrûwe iu des vil wol. — G. 2022 mir was der lîp unmære: D. 7634 mir ist der . . .; Wig. 9975 ir was . . . — G. 8603. 14498 die besten von dem lande, T. 14672 den besten ...: D. 68. Erec 7964 die besten von den landen, Parz 183, 12 der besten von dem lande, D. 6281 die besten von allen landen. — G. 3693 die dâ gevangen wären: D. 4403 die dâ siech wären; Erec 4254 die dâ tôt wären. — G. 4208. 9305. 12571. T. 7950 dem künege Artûse = D. 7669. 8072. 8093. Erec 4682. 9875. Iw. 2760. — G. 5003 der strit was ergangen, M. 8612. 9591 sus was der strit ergangen: D. 5422 dô was der strit ergangen, Iw. 3748 hie was ... — G. 5169 bêdiu lip unde guot = D. 4965. 5735. 7722. Erec 633. 3219. Iw. 7891. — G. 5398 als ein edel ritter sol: D. 5349 als ein from ritter ...; a. Heinr. 1339 als ein frumer ...; Erec 4155 als ein guot ritter ...; Erec 4336 als ein ritter ... — G. 5411. 13827, M. 10985 beide guot unde lip = D. 2255. Iw. 5098. 7673. — G. 5686. 9019. 18883. 14024. 16848 in vil kurzen stunden = D. 7377. Iw. 1266. Wig. 3011. - G. 6125. M. 8388. T. 9392 daz swert ze beiden handen nam, M. 6182 daz swert in beide hende er nam: D. 3816 mit beiden handen er nam, Wig. 5090 mit beiden handen er dô nam. — G. 6287 tischlachen, brôt unde win: D. 2601. Erec 3553 fleisch, brôt unde win. — G. 6339. 20183. M. 1204. 2701. T. 4684. 4753 mit libe und mit guote = D. 7675. Erec 6394. Iw. 5142. 5514. Gregor 280. 622. 3945. — G. 6532 herre, daz vergelt iu got (T. 10021 frouwe, daz ...) = D. 1877. 8056. Iw. 5238. Wig. 11504. — G. 6893 er gie, dâ er die frouwen vant, G. 18284 gie dâ er sin ors vant: D. 4863 sie gie dâ siu ir muoter vant; Gregor 2475 und gie dâ si die tavel vant. — G. 6946 mit froelichem muote (G. 13349 mit freudehaftem muote) = D. 5342. Iw. 7942. — G. 7123. T. 9058. 18266 die liute von dem lande, G. 21038 die fürsten von ...: D. 5821. Iw. 3707 die ritter von ... — G. 7801. 13431. 20479. M. 1903 daz ist allez getân = D. 2294. 8346. Iw. 523. (T. 2033 daz was allez getân = Erec 1828; daz wart allez ... G. 20513). — G. 8106. 9096. M. 3129. 12343. T. 14804 von rittern und von frouwen = D. 7403. Wig. 1783. 11402. Erec 5278. 10078. Iw. 5933. Parz. 654, 19 (M. 2146. T. 279 mit rittern und mit frouwen = Parz. 151, 9. 765, 5.). — G. 8148 daz

sper er under den arm sluoc (G. 5573 daz sper under ...) =
D. 3004. Erec 808. 2791. — G. 8300. T. 6713. 6727 daz
houbet er im abe sluoc, G. 5791 ... er ir abe sluoc: D. 3824
und im ouch daz houbet abe sluoc, Erec 5567 und im
daz ... — G. 8468 daz ist schiere getân, M. 11946 daz
wart schiere ...: D. 8330 diz was schiere ..., Erec 4003
daz was schiere ... — G. 8619. 18178 weder übel oder
guot: D. 807. Gregor 1571 beidiu übel unde guot. —
G. 8657. T. 17444 beidiu man unde wîp = D. 6621.
Erec 9668. — G. 8759 als ir êren wol gezam, G. 10351.
T. 1603 als sînen êren ...: D. 8077. Wig. 5205. 9576.
11443 als ez ir êren ... — G. 8939 lât iuch des niht
verdriezen, G. 12852 wolt iuch ...: D. 8045 nû lât iuch
niht .., Parz. 642, 26 nu lât's iuch niht ... — G. 9018
dâ si den helt funden, G. 12314. 16137 dâ si den künec
funden: D. 2264 dâ sie die frouwen funden; Erec 9733 dâ
si ir herren funden. — G. 10769 dâmit bevalh er si got,
G. 20424 hiemit ...: D. 8438 nû bevalh er sie gote,
Iw. 5144 alsus bevalh er sî gote. — G. 12075 er hiez in
willekomen sîn = D 2225. und hiez ... D. 3700. 5025. der
hiez ... Wig. 1555 (T. 11232 si hiez ... = Erec 1526).
— G. 12146 und wil niht langer bîten: D. 2711 ich endarf
niht lenger bîten, D. 2585 ich wil hie langer bîten;
Wig. 10174 er sol niht lenger bîten. — G. 12169 daz ich
vor im lac für tôt: D. 7485. Erec 5737 daz er lac für
tôt. — G. 12298 T. 2028 des andern morgens fruo,
T. 16723 unt ...: D. 1023. Gregor 3371 des morgens vil
fruo. — G. 13341 iwer êr und iwer prîs: D. 1192.
Parz. 594, 23 iuwer sælde und iuwern prîs. — G. 14893.
15691 als guoter ritter solden = Iw. 5345. alsô ...
D. 3569. — G. 16062 wan ez was nu sô spâte: D. 2671
nû was ez alsô spâte, Iw. 6542 nû was ez ouch alsô ...
— G. 16685. T. 9040 von dem pferde ûf daz gras =
D. 7406. Parz. 779, 21. — G. 18811 des fröuten sie sich
alle = D. 6275. Wig. 9329. —

M. 1189 sprach diu küneginne dô = D. 6193. Iw.
2358. — M. 2857 dem boten neic er ûf den fuoz: D. 7848
neic er ir unz an den fuoz, D. 8403 neic er im unz ...;

Erec 1474 dô neic er im an ..., Erec 4015 der wirt neic im an ... — M. 3065 und bereite sich darzuo = D. 1494 Iw. 4822. Gregor 2082. (T. 18067 der künec bereite sich darzuo: Wig. 8688 der grâve bereite ...) — M. 3162. T. 13822. 13832 daz ez die frouwen sâhen an: D. 1608. Gregor 3293 daz sie ez alle sâhen. — M. 4048 von allen minen sinnen, M. 12626 von allen iwern sinnen: D. 7629 mit allen minen ...; Erec 5880 von allem minem sinne. — M. 4119. 9040 darnâch in kurzen stunden = D. 395. Parz. 523, 7. — M. 4298 ez sî mir übel oder guot = a. Heinr. 952. D. 5146 ez si übel oder guot. — M. 4436. T. 17455. 18313 ez sî wip oder man = D. 6356. Parz. 365, 8. 533, 13. a. Heinr. 727. er sî ... D. 6816. — M. 5570. T. 8007. 9568. 16221 alle die dâ wâren = D. 7564. Erec 1804. 6309. Gregor 227. Iw. 4613. Wh. 156, 22. — M. 6550 umb anders niht wan umbe daz: D. 4117. Parz. 177, 1 anders .. — M. 7974 daz wart im anders kunt getân = Iw. 3868. ez wart ... D. 7462. — M. 8784 des enwolt in niht gewern, G. 3044 des wolt si niht der wirt gewern: D. 4714 des enwolde si in niht gewern, Iw. 3806 ... wern, D. 1234 des enwoldez min vater niht wern. — M. 9864 si begunden vaste gâhen = D. 2895. Wig. 542. — M. 10089 lûter als ein spiegelglas = D. 6604. Wh. 22, 28. Wig. 949. 1484. 7466. — M 10478 nu ensûme dich niht mêre: D. 474. Hartm. 1. Büchl nu ensûme mich niht ... — M. 12777 swaz ein ritter haben sol = D. 6623. Iw. 5913. —

T. 332 unde manic ritter gemeit = D. 2847. Wig. 9266. — T. 778 ôwê jâ weiz ich wol für wâr. T. 17841 sun, ich weiz daz wol ...: D. 2734 sô weiz ich wol .... Gregor 6 nû weiz ich daz wol ... — T. 3985 sol ich dich nimmer mêr gesehen?: D. 3969 sol ich dich iemer mêr gesehen, D. 1982. Parz. 536, 5 sol ich iuch iemer mêr gesehen. — T. 4339 sô wære ich ein sælec man: D. 8387. Iw. 2335 ... ein unsælec man. — T. 4483/4 im überliefen diu ougen von jâmer tougen: D. 6145/6 nû ervolleten im diu ougen vor jâmer alsô tougen, a. Heinr. 929/30 und ervolleten im diu ougen von jâmer alsô tougen. Gregor 2841

des ervolleten ir diu ougen von jâmer alsô tougen. —
T. 4715 nû hât ir wol zuo mir getân, T. 1576 sô hât ir
wol an mir getân, T. 16436 nû hât ir wol an ..., G. 16153.
M. 6468 ir habt an mir sô wol getân, T. 5092. 16384 ir
hât vil wol an mir getân: D. 2257 sô hât ir wol ze mir
getân, Gregor 1624 sô habt ir wol zuo mir getân. —
T. 5699 beidiu lip und êre: D. 3479. Erec 842 wan ...
— T. 6294 darnâch in kurzen zîten = D. 691. Wh. 285, 21.
— T. 8623 alsô sprach diu künegin = D. 6041. 6329. 7575.
Wh. 170, 6. alsus ... Parz. 62, 25. – T. 10666 ich sage
iu bî der wârheit, M. 1879. 9362 ich sage iu für die wâr-
heit: D. 1196 und sag iu mit der wârheit, Iw. 8048 ich
sage iu mitter wârheit. — T. 14959 manic ritter uner-
vorht = D. 2965. Wh. 370, 24. — T. 15041 Artûs der
künec sprach dô: D. 6311. Erec 4859 der künec Artûs
sprach dô. —

Dasselbe, was Steinmeyer in der 21. Nr. der G. G. A.
(S. 803) 1887 von den Entlehnungen aus Hartmann,
Wirnt und Wolfram gesagt hat, gilt auch für die aus
dem Daniel entnommenen Verse. Schlüsse auf die Reihen-
folge der drei Romane lassen sich auch aus diesen nicht ziehen,
da auch hier Variationen einer Stelle ihrer genaueren oder
ganz wörtlichen Verwendung um Tausende von Versen vor-
angehen. Nur soviel läßt sich feststellen, daß der Garel eine
etwas stärkere stilistische Beeinflussung durch den Daniel auf-
zuweisen hat als die beiden anderen Romane. Denn während
in diesen erst auf etwa 95 Verse eine Entlehnung kommt, ist
in jenem durchschnittlich schon der 85. Vers dem Stricker'schen
Romane entnommen. Natürlich konnten bei dieser Berechnung
nur die Stellen in Betracht gezogen werden, die sichere Ent-
lehnungen aus dem Daniel sind.

Um ein vollständiges Bild von dem Einflusse zu er-
halten, den des Strickers Erzählung auf die Dichtkunst des
Pleiers ausgeübt hat, seien zum Schlusse noch die benutzten
Motive aufgezählt. Auf die wichtigsten derselben hatte schon
E. H. Meyer in dem in der Einleitung erwähnten Aufsatze
(S. 480 f.) und Gustav Rosenhagen in seinen Untersuchungen
(S. 117 ff.) hingewiesen.

So hatte Rosenhagen bereits gezeigt, wie schon die ganze Anlage des Garel an die Strickersche Dichtung erinnert. In beiden Erzählungen wird die eigentliche Haupthandlung dadurch eingeleitet, daß ein Riese an Artus Hofe erscheint und diesem eine Herausforderung von einem fremden König überbringt. Der Hauptheld zieht dann allein aus, Daniel, weil er den Aufbruch des Königs Artus nicht erwarten kann, Garel, um Erkundigung über das feindliche Land einzuholen, und besteht eine Menge Abenteuer, in denen er die Mittel erwirbt, vermöge deren es ihm gelingt, die schließliche Entscheidung zu Artus Gunsten herbeizuführen. Im Einzelnen sind diese Abenteuer freilich ziemlich verschieden. Im Daniel sind die Mittel, die zu einem für Artus günstigen Ende führen, mehr übernatürlicher Art. Das Schwert, das er dem Zwerg Juran abgewinnt, gewährt ihm die Möglichkeit, die Riesen zu besiegen, und durch das cherne Tier werden die Mannen des Königs Matur so betäubt, daß sie sich den Feinden ergeben müssen. Schließlich wird durch das unsichtbare Netz eine große Gefahr, die die allgemeine Freude gestört hatte, glücklich wieder beseitigt. Anders ist es in der Pleierschen Dichtung. In dieser gelingt es dem Helden Garel, in einer Anzahl ehemaliger Gegner, die er alle nach einander bezwingt, getreue Bundesgenossen zu finden, die es durch die Streitkräfte, die sie ihm stellen, ihm ermöglichen, Ekunaver in seinem eigenen Lande anzugreifen und zu besiegen, ehe noch Artus herbeigekommen ist. Ganz ohne Beispiel ist die Erwerbung von Helfern freilich auch im Daniel nicht. Vermutlich wird die Episode vom Herrn von der grünen Aue vorbildlich gewesen sein, denn wie in dem Pleierschen Romane ist auch hier der ehemalige Gegner nach seiner Besiegung zum Freund und Bundesgenossen geworden. Einen anderen Verbündeten aber hatte Daniel schon vorher am Graf vom lichten Brunnen gefunden, dessen Land er von dem bauchlosen Unhold befreit hatte. Nur spielen diese beiden nicht eine so wichtige und entscheidende Rolle, als es die mächtigen Verbündeten Garels in der Pleierschen Erzählung thun.

Mehr noch als in den großen Zügen der Anlage zeigt sich der Einfluß des Strickerschen Romanes in einzelnen Epifoden. Ganz klar zu Tage liegt die Entlehnung des Motives vom haupttragenden Unhold, geht doch die Übereinstimmung in den Schilderungen vom bûchlôsen vâlant im Daniel und vom Vulganus im Garel oft bis ins Einzelne. Beide sind Ungeheuer, die vom Meer gekommen sind (G. 7224 merwunder, D. 1913 sie sint komen von dem mer.) Sie tragen ein Haupt in der Hand (beim Vulganus befindet es sich auf dem bret eines buckelære, v. 7680), bei dessen Anblick jedermann sterben muß. Infolge dieses todbringenden Kopfes sind natürlich die Länder, die von den Ungeheuern heimgesucht werden, arg verwüstet und verödet. Aber schließlich kommt der Befreier in der Gestalt des jeweiligen Helden des Romans, dem es durch eine List gelingt, das Ungetüm zu überwältigen und zu töten. Damit durch das gefährliche Haupt nicht noch mehr Unglück angerichtet werde, wird es in den See versenkt. Dabei herrscht auch im Ausdruck eine auffallende Übereinstimmung; man vergleiche nur folgende z. T. schon in den obigen Listen mitgeteilte Stellen.

D. 1905 die ez under den ougen sehent an,
der komt niemer deheiner dan;
sie ligent dâ zehant tôt,   mit

G. 7663 swer dem under diu ougen siht,
der mac für wâr langer niht
eine wîle geleben;   ferner

D. 1916 swer daz houbet siht, der lit tot,   mit
G. 7668 swaz ez gesiht, daz ist tôt, und G. 8433 swer ez gesiht, fürwâr der ist tôt; ferner D. 1925 hât er verwuostet min lant mit G. 7655 und ouch min lant verwüestet hât; ferner: D. 2112 ein freisliche stimme mit G. 7701 ein sô freisliche stimme. Beiden Ungeheuern wird teuflische Herkunft oder Gemeinschaft zugeschrieben. Im Daniel sagt die Gräfin vom lichten Brunnen v. 1899 ff. ich bin des âne zwivel, in habe der leidige tivel ûz der helle gesant und v. 2200 sagt Daniel zu dem Haupte: dû bist von dem tivel komen. An anderen Stellen wird der Bauchlose tivelsman (v. 1879), tivels genôz (v. 1881) und gar der tivel selbst genannt (v. 1940). Dem entsprechen im G.

v. 7240 (tievels genôz) und v. 8350 und 8440, die man alle drei in der Liste des G. unter I finden wird.

Daß das Land des Königs Ekunaver an der Grenze von Riesen bewacht wird, kann man vielleicht auch als Anlehnung an den Daniel betrachten. An der einzigen Stelle, wo das Land des Königs Matur zugänglich ist, sitzt ein Riese, mit dem jeder zu kämpfen hat, wenn er das Land betreten will. So wie dieser von Daniel überwältigt wird, so ergeht es auch dem Riesen Malseron, der bei der Verteidigung von Ekunavers Grenzfeste von Garel besiegt wird. Dasselbe Motiv finden wir auch im Tandareis wieder. Hier wird der Weg zu der Burg Malmontân durch drei Riesen behütet, die in bestimmten Zwischenräumen von einander je eine Burg inne haben. Tandareis muß sie der Reihe nach überwältigen, ehe er nach Malmontân selbst gelangen kann. Der eine Kampf mit dem Riesen ist also hier zu drei solchen vervielfältigt worden.

Eine sehr augenfällige Benutzung eines Strickerschen Motives durch den Pleier finden wir beim Löwenabenteuer. Einem wunderbaren, im Daniel aus Gold, im Garel aus Erz gegossenen Tiere — im Garel wird es bestimmter als Löwe bezeichnet — steckt eine Banier im Rachen. Zieht man dieselbe heraus, so erhebt das Tier ein so fürchterliches Gebrüll, daß alle, die es hören, betäubt werden. Soweit stimmen die Erzählungen in den beiden Gedichten überein. Abweichend ist nur die Verwendung dieses wunderbaren Werkes. Denn während im Daniel das Geschrei des Tieres dazu dient, die Mannen des Königs Matur zu betäuben, wird es im Garel ganz verhindert, indem Eskilabon die Banier dem Löwen in den Rachen stößt und so entzweibricht.

Rosenhagen hatte in seinen Untersuchungen bei der Besprechung des Stoffes des Gedichtes (S. 82) darauf hingewiesen, daß das Motiv, daß edle Ritter zu einem schmählichen Dienst gezwungen sind, von dem sie durch ihre Niederlage von dem Helden des Romanes befreit werden, in den Pleierschen Dichtungen mehrfach Verwendung finde. Im Daniel war das in der Geschichte mit dem Herrn von der grünen Aue geschehen, und es ist anzunehmen, daß diese dem Pleier bei einigen Episoden vorgeschwebt hat. Dem Herrn von der grünen Aue dürften dann im Tandareis die Räuber entsprechen, von denen der Held im Walde von Malmontân überfallen wird; im Meleranz könnte man ihm den Riesen Pulaz gegenüberstellen. Freilich haben wir es im letzten Falle nicht mit einem edlen Ritter zu thun wie im Daniel und auch im Tandareis. Jene Räuber sind nämlich ursprünglich Ritter, die erst nach der Besiegung ihres Landesherrn gezwungen worden sind, dem schimpflichen Treiben des Wegelagerns obzuliegen, wenn anders sie ihr Leben fristen wollen. Allen drei Episoden aber ist gemeinsam, daß jemand einem Fremden zu schimpflichem Dienst verpflichtet ist, so der Herr von der grünen Aue dem blutbadenden Unhold, die ehemaligen Ritter dem Riesen Karedoz und der Riese Godonas dem Herrn des Landes Terrandes. Auch der Dienst, der zu leisten ist, ist in den drei Fällen der gleiche. Die Untergebenen haben den Befehl, ihrem Herrn Menschen einzufangen, die dann bei diesem eine schmähliche Behandlung finden, im Daniel einen schimpflichen Tod, im Meleranz und Tandareis ein hartes Gefängnis. Schließlich kommt der Held des Romans und befreit durch siegreichen Kampf die Unglücklichen. Dasselbe Motiv findet in Tandareis Abenteuer mit dem Riesen Karedoz nochmalige Verwendung. Denn auch der Pförtner von dessen Burg ist einer von denen, die nur gezwungen, weil sie sonst ihr Leben verlieren würden, den ihnen obliegenden Dienst verrichten. Von Haus aus ist er ein mächtiger Graf, der sich viel Ruhm in manchem ritterlichen Kampfe erworben hat, ehe er von Karedoz im Walde überfallen und zur Unterwerfung und Ausübung des Pförtneramtes gezwungen worden ist.

Bei einem andern Motiv, dem wir nur im Tandareis begegnen, könnte man zweifelhaft sein, ob es dem Daniel oder dem Wigalois nachgebildet ist. Die von dem Riesen Karedoz bewohnte, schon erwähnte Burg Malmontân (v. 5269) wird nämlich in ganz ähnlicher Weise geschildert, wie das Land Cluse des Königs Matur (v. 508) und das Land der Florie im Wigalois (v. 673; 1204; 1575). Es sind dies Länder, die rings von den höchsten Bergen eingeschlossen sind und nach einer Seite vom Meere begrenzt werden. Nichts

Lebendes vermag hineinzudringen, nur die Vögel können hinüberfliegen. Die betreffenden Stellen im Wigalois und Daniel sind nun einander so ähnlich und enthalten ihrerseits wieder so wenig Verschiedenheiten von der Schilderung im Tandareis, daß man nicht mit Sicherheit feststellen kann, welcher Dichter, ob Wirnt oder der Stricker, den Pleier angeregt hat. Dennoch wird man eher geneigt sein, an größere Beeinflussung durch den Stricker zu glauben. Wir finden nämlich diese typische Schilderung eines Landes nicht bloß an der schon erwähnten Stelle des Daniel; sie kehrt noch zwei Mal in derselben Dichtung wieder unter Verwendung ganz derselben Züge. Man vergleiche nur die Beschreibung des Landes zu der grünen Aue (v. 4342) und des Landes des Vaters der Riesen (v. 8365) mit dem Bilde, das uns der Dichter von Clûse entwirft, und man wird finden, daß wir es in den 3 Fällen im wesentlichen mit derselben Vorstellung zu thun haben. Diese häufige Verwendung eines auch sonst vorkommenden Motives bei einem und demselben Autor ist vielleicht schließlich doch ausschlaggebend gewesen für die Verwertung durch den Pleier. Vielleicht kann man auch folgende Verse des Daniel:

v. 4342 ditz lant lit einhalp an dem mer,

v. 4345 anderhalp stât dirre berc dâvor,

für die unmittelbare Vorlage zu folgenden Versen des Tandareis halten:

v. 5273 diu burc lit einhalp an dem mer,

v. 5278 vor einem hôhen steine. —

Dieselbe Vorstellung wird der Pleier von dem Land des Ritters Kandaliôn gehabt haben; darauf würde schon der Name der Burg, Montâniklûse (v. 11088), hindeuten, wenn es nicht auch von ihr hieß, daß sie „vor dem Gebirge" gelegen sei. Rosenhagen war in seinen Untersuchungen (Anmerkg. auf S. 65) der Ansicht, der Pleier sei mit diesem Namen unabhängig von Wolfram, in dessen Parzival (382, 24) sich gleichfalls ein Muntâne Clûse findet. Doch nach Allem, was wir über Entlehnung aus Wolfram wissen, kann es wohl für ausgemacht gelten, daß der Pleier den Namen einfach aus dem Parzival herübergenommen hat. Daß im

Daniel das Land des Königs Matur den Namen Clûse führt, hat vielleicht das Seinige dazu gethan.

Zum Schlusse sei noch bemerkt, daß wohl auch Namen wie Ammilôt, der Herzog von den bluomen ûz der wilde, Belamunt, das Land zur schoenen wilde, Albiûn von den wilden bergen, Moralde, der Grafe von dem schoenen walde auf Nachahmung des Daniel beruhen, wo ähnliche Namen mehrfach begegnen, so außer dem Helden des Romans noch die Herzogin von dem Trüeben Berge, der Graf vom Liehten Brunnen, das Land zer Grüenen Ouwe. Doch da Namen mit ähnlich umschreibender Form auch bei andern deutschen Dichtern vorkommen — es sei nur an den Grafen vom Swarzen Dorne Jw. 5650 erinnert —, so kann man nicht mit Bestimmtheit sagen, daß es gerade der Stricker gewesen sei, der den Pleier zur Bildung solcher Namen veranlaßt habe.

Nachdem somit zu den Gedichten, die eine starke Benutzung durch den Pleier gefunden haben, auch des Strickers Daniel hinzugekommen ist, könnte man wohl einmal den Versuch machen und alle Lehnstellen nebst ihren Varianten ausscheiden, um zu sehen, was schließlich dann von unserm Dichter übrig bleibt. Allein es ist zweifelhaft, ob dazu bereits der richtige Zeitpunkt gekommen ist. Denn es würden noch eine ganze Reihe von Versen zurückbleiben, bei denen man gleichfalls Entlehnung aus fremden Autoren vermuten darf. Bevor man daher jene Scheidung vornimmt, wird man gut thun, erst noch andere, auch unbedeutendere mhd. Dichter daraufhin durchzulesen, ob nicht Verse von ihnen in den Pleierschen Romanen wiederkehren. Auch dürfte es zur endgiltigen Beurteilung unsers Dichters nicht belanglos sein, festzustellen, wie sehr der Dichter sich selbst immer und immer wieder abgeschrieben hat. Ob dann freilich noch etwas Selbständiges von Bedeutung übrig bleiben wird, daran zu zweifeln dürfte man wohl nach Allem, was man bisher vom Pleier weiß, voll berechtigt sein.

Vita.

Ich, Paul Ernst Egelkraut, wurde am 7. September 1872 in Bockwa b. Zwickau geboren als Sohn des damaligen Lehrers, jetzigen Schuldirektors Christian Friedrich August Egelkraut und seiner Ehefrau Ida geb. Eberhardt. Der Konfession meiner Eltern entsprechend wurde ich in den Bund der evangelisch-lutherischen Kirche aufgenommen. Meinen ersten Unterricht erhielt ich in der Schule meines Heimatsortes. Vom Jahre 1883 an besuchte ich das Gymnasium in Zwickau, das ich Ostern 1892 nach bestandener Reifeprüfung verließ. An der Universität Leipzig, die ich nunmehr bezog, widmete ich mich hauptsächlich germanistischen und historischen, daneben auch neuphilologischen Studien. Ostern 1894 verließ ich Leipzig und wandte mich nach Jena, kehrte aber zum Wintersemester wieder nach Leipzig zurück. Doch Ostern 1895 verließ ich es abermals und begab mich nach Erlangen. Die 3 Semester, die ich dort verbracht habe, verwandte ich in der Hauptsache zur Abfassung vorliegender Arbeit, zu der mir Herr Professor Steinmeyer die Anregung gab. Dafür wie für mancherlei Ratschläge, durch die er mich in meinem Studium zu fördern wußte, sei ihm auch an dieser Stelle mein wärmster Dank ausgesprochen. In Erlangen nahm ich auch die französischen und englischen Studien wieder auf, die ich während einiger Semester hatte in den Hintergrund treten lassen. — In den drei Universitäten Leipzig, Jena und Erlangen habe ich bei folgenden Herren Professoren und Dozenten Vorlesungen und Seminare besucht: von Bahder, Biedermann, Birch-Hirschfeld, Brugmann, Claß, Elster, Eucken, Geffcken, Geß, Heinze, Hirt, Holz, Kauffmann, Lamprecht, Leitzmann, Liebmann, Lorenz, Marcks, Sievers, Steinmeyer, Stoy, Varnhagen, Wachsmuth, Weigand, Wülker. Ihnen allen sei hiermit mein aufrichtigster Dank ausgesprochen für die mannigfachen Anregungen die ich ihnen zu verdanken habe.